当たり前の積み重ねが確固たる自信を生む

谷繁流 キャッチャー思考

谷繁元信

日本文芸社

当たり前の積み重ねが確固たる自信を生む

谷繁流キャッチャー思考

はじめに

　キャッチャーというポジションは、配球を考えてピッチャーをリードし、野手に指示を出して試合を作る「グラウンド内の監督」の役割を担っています。野球というスポーツをよく理解し、各ポジションとうまく連携することが求められるため、技術以上に性格や人間性などの適性も問われます。

　そのようなポジションであるがゆえに、「キャッチャーは育てるのが難しい」とよく言われます。実際、野球をやっている僕の息子たちのチームを中学、高校とずっと見てきましたが、キャッチャーを育てることに苦戦している指導者は多かったように感じます。

　プロ野球界でも、今は「名キャッチャー不在」と言われていますが、その背景にはプロ・アマを通して「キャッチャーをきちんと育てられる指導者が少ない」という問題があるようです。このままでは信頼されるキャッチャーはもう生まれてこないかもしれないと、僕はそんな危機感さえ抱いています。

僕にキャッチャーとしての在り方を叩き込んでくれたのは、プロ五年目からバッテリーコーチとして指導してくれた大矢明彦さんでした。大矢さんは、「常日頃から自分はキャッチャーだということを忘れずに生活しなさい」と、グラウンドの外でもできる様々な訓練方法を僕に伝授してくれました。そこで初めて、キャッチャーにはマスクを被っていない時にこそやることが山ほどある、ということを知りました。

指導者が「いい選手を育てよう」と思う時、また、選手が「もっと野球がうまくなりたい」と思う時、どうしても技術の向上だけに目を向けがちです。読者のみなさんの中にも、「どうすれば技術指導がうまくできるのか」「キャッチャーに必要な技術練習とは何か」という視点で本書を手に取った方もいらっしゃるかと思います。

もちろん、本書ではキャッチングやフィールディングなど、技術に関することもお伝えしていきます。ただ、僕がみなさんにまず知っていただきたいのは、マスクを被っていない時の「準備」と「復習」についてです。その準備と復習が、技術を向上するためにも必要不可欠なのです。

本書では、最初に「ピッチャーとの関係づくり」、次に「配球」、そして「キャッチャーの技術」について解説し、最後に僕が思う「キャッチャーの面白さ」について紹介していきます。

キャッチャーであれば、チームメイトから、特にピッチャーからの信頼を得たいですよね。では、僕がどうやってまわりからの信頼を勝ち取ってきたのか。盗塁やクロスプレーの時には、何としてでも走者をアウトにしたいですよね。では、僕がどうやってアウトにするための工夫をしてきたか。そういったことを、具体的なエピソードを交えてお伝えしていきます。

読み進めるとわかっていただけると思いますが、僕がやってきたことはどれも当たり前で、誰でも今日から始められることばかりです。育てるのが難しいポジションだからといって、難しく考える必要はありません。僕の考え方は、いつも至ってシンプルです。

僕はキャッチャーになるのが遅かったので、キャッチャーにとって必要な準備や、キャッチャーというポジションの醍醐味に気づいたのも30代になってからと遅かったのですが、それに気づいてしまえば、こんなにやりがいのあるポジションはありません。今キャッチャーをやっている選手には、一日も早くそれに気づいてほしいと思っているので、そのヒントを本書でたくさん紹介していきます。
ただ、僕の言うことがすべて正解というわけではありません。それぞれの感じ方があるはずなので、あくまでも参考にしていただけたら嬉しく思います。

かつてキャッチャーは、ずんぐりとした兄貴肌の選手にとって定番のポジションでした。ピッチャーや内野手に比べれば、とても花形とは言えません。でも、こんなに面白いと知ってさえもらえれば、キャッチャーは子供たちが真っ先に目指してくれるポジションになるのではないかと僕は思っています。
本書がその一助となれば、キャッチャー人生を送ってきた僕にとって、こんなに嬉しいことはありません。

２０１７年７月　谷繁 元信

目次

第二章 配球を考える

第三章 キャッチャー技術を考える

第四章　キャッチャーの魅力を考える

第一章

ピッチャーとの関係を考える

キャッチャーは人間観察に尽きる

僕は高校に入るまで、おもにピッチャーをやっていました。しかし、高校一年のゴールデンウィークに行われた練習試合で相手チームに思い切り打ち崩され、監督から「お前はピッチャークビ！　今日からキャッチャーをやれ」と言われてしまいました。それが、僕のキャッチャー人生の始まりです。

監督がなぜ僕にキャッチャーをやらせようとしたのかはわかりませんが、ピッチャー出身で肩が活かせるなど、監督なりに何か考えがあったのだと思います。入部早々経験のないポジションを言い渡されて、正直なところ最初は「え、キャッチャー？」と戸惑いましたが、一年生の僕が監督に向かって自分の意見を主張できるはずもなく、その日からキャッチャーミットを使って練習することになりました。

三年生の先輩ピッチャーの球を受ける時には、「いい音を出さないと」「芯で捕らないと」「後ろに逸らさないようにしないと」といろんなプレッシャーに押しつぶされそうになりました。球を捕ることだけで精一杯だったので、内野手に指示を出す余裕などまったくありませんでした。

しかし、そんな中でも、「どうやってこのバッターを抑えてやろうか」ということだけは冷静に考えていました。ピッチャーのいい球をいかに引き出すかというよりも、「裏をかいてやろう」「ここは突っ込んでやろう」「空振りにしとめてやろう」と、ターゲットは常にバッターでした。それは、もともと僕がピッチャーだったからかもしれません。

プロに入ってからも、しばらくはその感覚のままマスクを被っていました。今になってみると、それだから若い頃はなかなか結果が出せなかったのだなと思います。

1988年に横浜大洋ホエールズ（現横浜DeNAベイスターズ）に入団し、一年目は福嶋久晃バッテリーコーチに育ててもらいました。僕は高卒ルーキーでまだ体ができていなかったので、最初の頃は怪我をしないことを第一に基礎的な体力づくりを重ねました。プロ二年目には佐野元国さんがバッテリーコーチに就任し、キャッチャーの下半身の使い方やキャッチャーに必要な動作など、基本的なことを教えてもらいました。

そして、プロ五年目に出会ったのが大矢明彦さんです。「はじめに」でも紹介したように、大矢さんからは「日頃から自分はキャッチャーなんだということを忘れずに生活しなさい」と言われました。キャッチャーマスクを外しても、ユニフォームを脱いでも、キャッチャーとして成長できる材料を常に探しなさいと教えられたのです。

大矢さんにまず言われたのは、「**キャッチャーは人間観察に尽きる**」ということです。これは、僕のキャッチャー人生において、もっとも大切な学びの一

【福嶋久晃】
現役時代は大洋、広島でプレー。オールスターゲームに3回出場。87年から89年まで大洋の一軍バッテリーコーチを務めた。

【佐野元国】
近鉄、巨人でプレー。91年と92年の2年間、大洋の一軍バッテリーコーチを務めた。

【大矢明彦】
ヤクルトで正捕手を務め、ダイヤモンドグラブ賞を6回、ベストナインを2回獲得。93年から95年まで横浜のバッテリーコーチを務め、96年監督に就任。2年目には2位の成績を収めたが惜しまれつつ退任。

横浜大洋ホエールズ（当時）入団会見。前列右から2人目が著者。
島根県の江の川高校からドラフト１位でプロ入りを果たした

つでもあります。

ロッカーにいる時の仕草、練習に対する姿勢、食事をする時の様子など、チームメイトを日頃から観察し、全員の性格を把握すること。特にピッチャーに関してはよく観察すること。まずはそれから始めなさいと、大矢さんからアドバイスをもらいました。

実際にやってみると、ロッカーがいつも整頓されているか、汚いままになっているかで、マウンドにいる時のピッチャーの傾向が少しずつわかるようになりました。

ロッカーをいつも綺麗にしている几帳面な性格のピッチャーは、慎重に投げられるというよさはあるけれど、ピンチになると神経質になりすぎてしまう。逆に、ロッカーが乱雑なピッチャーは、思い切りのいいピッチングはするけれど、ここぞという時に丁寧に投げられなくなる。ロッカーに表れる気質は、そんなふうにピッチングにも影響することがわかってきたのです。

僕自身はわりと几帳面で綺麗好きなほうなので、ロッカーを綺麗にしているピッチャーのほうが、配球の考え方などが一致することが多かったように思います。とはいえ、キャッチャーはいろんなタイプのピッチャーとバッテリーを組むので、繊細なところと大胆なところの両面を持って、神経質になりやすいピッチャーには「思いっきり来いよ」、雑になりやすいピッチャーには「慎重に行けよ」といった具合に、それぞれのタイプに合わせて引っ張っていかなくてはなりません。

また、ピッチャーが何か課題を抱えている時には、ピッチング練習もよく観察するようにしました。「あのピッチャーはこういうところをチェックしながら投げているんだな」と知っておけば、マウンドでそれができているかを客観的に見てあげることができます。スランプに陥った時に、「今はこうなっているから、もっとこうやって投げたほうがいい」と冷静で理論的なアドバイスができるかもしれません。

ほかにも、守備の際に連携をとる野手や相手チームのバッターなど、あらゆる選手の観察を普段からしておくことが、いざという時に解決策をもたらすヒントになります。性格の本質まではさすがに見抜けませんが、**自分の中で「この選手はこんな傾向があるから、こういう場面でこんなふうにしそうだな」という情報は頭の中に入れておくべきなのです。**

僕が横浜ベイスターズ（当時）から中日ドラゴンズに移籍した時には、人間観察にとても苦労しました。それまでは毎年新人入団選手だけをリサーチすればよかったのですが、移籍したことで一気に30人以上のピッチャーについて学ばなくてはならなかったからです。

春のキャンプでは、ピッチャーはもちろん、野手も含めた全員の性格や癖を把握できるように努力しました。ブルペンではピッチャー全員の球を受けてピッチングの特徴を学び、ロッカーに出向いてはチームメイトたちが何を話しているのか聞き耳を立て、それぞれがどんな性格の選手なのかリサーチしました。

ちょっかいを出したり、ちょっとしたいたずらを仕掛けたりしたらどんなリアクションをとるのか、そんなことも新たなチームメイトのことを知るためのよい材料でした。

ピッチャーの信頼を得るにはアピールも大事

ベイスターズ時代、チームメイトに佐々木主浩さんがいました。みなさんもご存知、〝ハマの大魔神〟と呼ばれた90年代のベイスターズの絶対的守護神で、決め球は大きく落ちるフォークボールです。

高卒だった僕のほうが入団は一年早かったのですが、大卒でプロ入りした佐々木さんは三年目にして最優秀救援投手に選ばれるなど、守護神としての地位を早くから確立していました。

【佐々木主浩】
89年ドラフト1位で大洋に入団。守護神として活躍し、日本一になった98年には最優秀投手、ベストナイン、MVPを獲得。00年にシアトル・マリナーズに移籍し新人王に。14年野球殿堂入り。

佐々木さんが活躍していた当時、僕も一軍ですでにマスクを被っていましたが、スタメン出場していた試合でも9回に佐々木さんがマウンドに上がると、いつも別のキャッチャーに交代させられていました。球を逸らすミスを連発していたわけではありません。佐々木さんのフォークを捕ること、止めることは、概ねできていたと思います。

でも、佐々木さんは僕のキャッチングに不安があり、「もしかしたら止められないかもしれない」と感じていたようなのです。佐々木さんからしたら、危なっかしい止め方だったのでしょう。

「キャッチャーがちゃんと捕ってくれないかもしれない」と少しでも感じたら、ピッチャーは思い切って投げることはできません。僕はまだ、その時点で佐々木さんから信頼を得ることができていなかったのです。

どうしたら佐々木さんの不安を払拭することができるのか。どうしたら9回までマスクを被らせてもらえるのか。その答えはシンプルでした。**練習です。**

できないことがあったら、練習するしかないのです。

来る日も来る日も、誰よりも早く球場に入り、試合の予習をしました。試合が終わったら復習をして、誰よりも遅く球場をあとにしました。毎日のように大矢さんにつきあってもらって、ワンバウンドの練習をしました。考えなくても体が勝手に動けるようになるまで、とことん反復練習して体に覚え込ませたのです。「これなら絶対に信頼してもらえる」と自分で思えるレベルまで、徹底的に技術を磨き上げました。

すると、それを見ていたあるピッチャーが、「あれだけやってるんだから、お前のことは信頼するよ」と言ってくれました。その言葉に励まされ、さらに練習を続けているうちに、佐々木さんも僕に対する見方を少しずつ変えてくれるようになりました。

僕は自分が練習していることを人前でアピールするのはあまり好きではなかったのですが、その時ばかりはチームメイトから見えるところで練習をしていました。実は、これが大事なことだったのです。

もちろん、技術そのものを磨くことは最低限やるべきなのですが、チームメイトに「これだけやっている」という姿勢をしっかり見せて、知ってもらうことも大事。**見えないところで努力することも欠かせませんが、まわりの信頼を得ることが目的であるならば、努力している姿を見てもらうことも必要だということです。**

結局、佐々木さんの信頼を勝ち取るまでには一年くらい掛かりました。時間は掛かりましたが、そのおかげで、その後は1回から9回までフルでマスクを被らせてもらえるようになりました。

何より大事なのは、その信頼を一年で終わらせないことです。たかだか一年の活躍では、ベンチには信頼してもらえません。それが三年、四年と続いて初めて、チーム内での信頼が確固たるものになっていくのです。

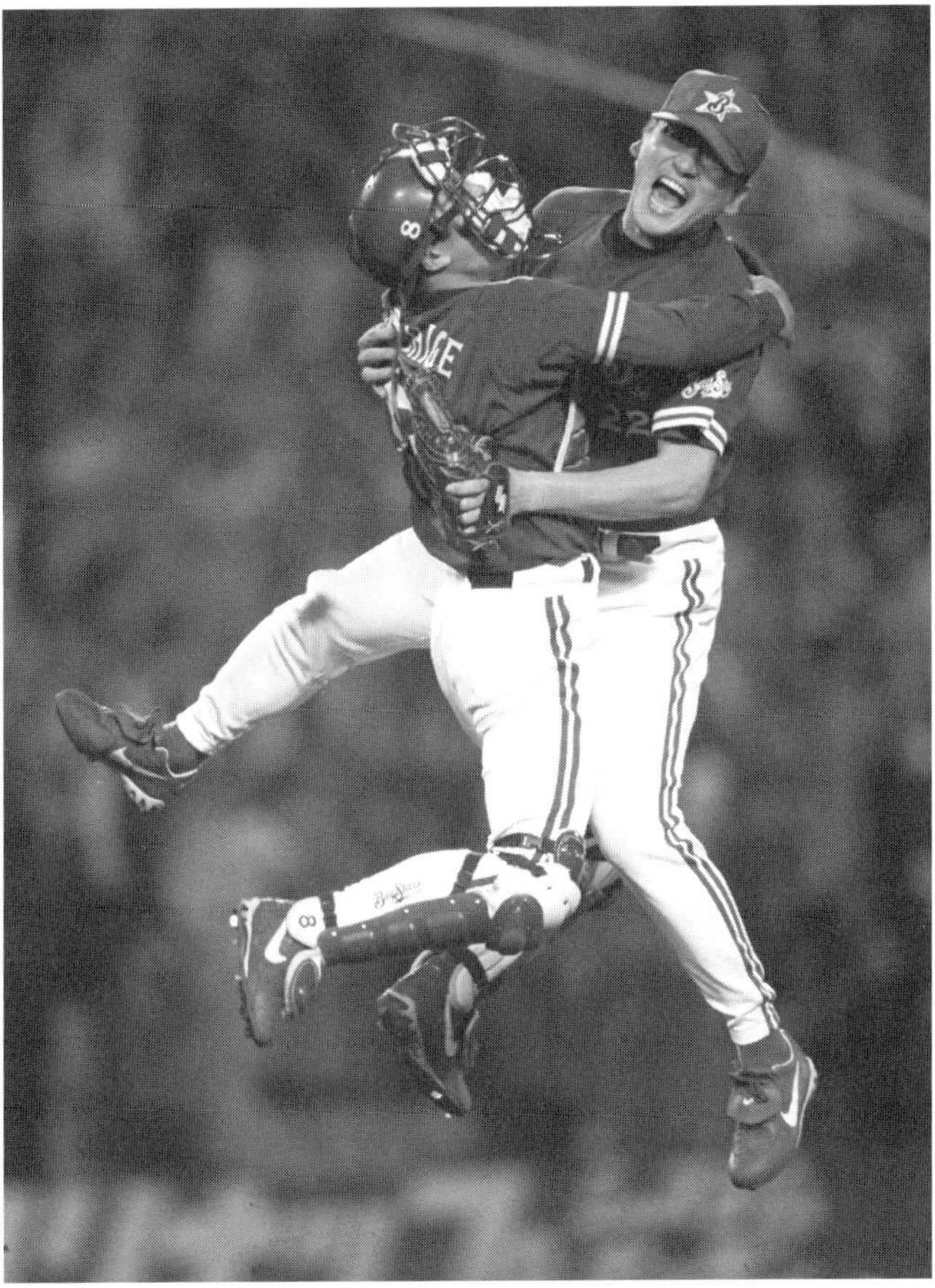

絶対的守護神だった佐々木主浩氏と信頼関係を築き、
リーグ優勝と日本一の喜びを分かち合った

ピッチャーに掛ける言葉の引き出しを持つ

ピンチになった時、キャッチャーはマウンドに行ってピッチャーに声を掛けます。ピッチャーを鼓舞することがいちばんの目的ですが、間を作って試合の流れを変える効果もあります。

２０１７年３月に行われた第４回ワールド・ベースボール・クラシックの一次ラウンドでは、６連続ボールでピンチを迎えたピッチャー・岡田俊哉（中日ドラゴンズ）に対し、キャッチャー・小林誠司（読売ジャイアンツ）が絶妙なタイミングで声を掛けに行く場面がありました。

マウンドでは、「思い切って投げてこい」と伝えたそうですが、その直後、岡田はバッターをセカンドゴロに打ち取り、ダブルプレーでピンチを切り抜けることができました。まさに、キャッチャーの機転が流れを変えたわけです。

これは、試合においてとても大事なキャッチャーの役割です。

ピッチャーには、几帳面、大雑把、心配性、楽観的など、様々な性格の持ち主がいます。**キャッチャーはよく「女房役」と言われますが、実際には一対一の夫婦関係とは違い、そういった違う性格の旦那がたくさんいる女房を務めあげなくてはなりません。**

そんな女房役を務めるために、僕はピッチャーそれぞれの性格に合わせて、喋り口調や掛ける言葉を変える工夫を怠りませんでした。

ただ、そんな中でも僕の基本スタンスというものは持っていました。普段のコミュニケーションでは、思ったことは率直に、かつ理論的に伝えていました。中には、なかなかいいところが見つからないピッチャーもいます。そんな時は、思ったままに「お前にはこれが足りないよ」と伝えました。基本的にはあまり持ち上げるようなことはせずに、「今俺はお前のことをこういうふうに見ているよ」と率直に伝えるのです。

褒めて伸ばすというよりは、わりとドライなほうだったと思います。場面にもよりますが、変に熱くなるよりも、ドライに、理論的に伝えたほうが相手に伝わりやすいと僕は考えています。ただし、そのためには常日頃からしっかりとピッチャーのことを観察し、相手のことを知り尽くしておかなければなりません。

しかし、ハートの弱いピッチャーには、多少気持ちに訴えかけることも必要です。その場合には、理論的な伝え方をした上で、最後の一言で「俺にこういうことを言われたくなかったら、頑張ってやろうよ！」と熱意を伝えるようにしていました。

とはいえ、どんなにこちらが工夫したとしても、人間同士なので合う・合わないはあります。でも、合わない場合でもあまり難しく考えず、自分からどんどん積極的に話しかけるようにしていました。

何かピッチャーに変化があった時には、「あれ、それ変えたの？」「そのほう

マウンドでピッチャーに掛ける言葉が、試合を左右することもある。
キャッチャーはその引き出しを持たなくてはならない

がいいね」と声を掛けるなどして、「俺はいつも見ているよ、ちゃんと気づいているよ」と暗に伝えました。僕の言うことに耳を傾けてくれるようにするためには、ピッチャーに「キャッチャーはいつも俺のことを見てくれているんだな」と思わせないといけないからです。

どんなにいい言葉を掛けたとしても、ピッチャーが聞く耳を持ってくれなければ心には響きません。そうならないために、普段から「僕はあなたのことをしっかり見ていますよ」という暗黙のメッセージを送っていたのです。

もちろん、実際にどんな言葉を掛けるのか、その選び方も重要です。特に緊迫した場面では、ピッチャーの性格や試合状況に応じてベストな言葉を端的に掛けてあげることが求められます。

「肘が低いからもう少し腕を上げてみたらどう？」といったテクニカルなアドバイスをすることもありますが、試合中のマウンドでそういうことを言うケースは稀です。ほとんどが気持ちに訴える内容です。

焦っていたら落ち着かせて冷静にさせる言葉、弱気だったら強気にさせる言葉を選びます。そのため、キャッチャーはいろんな言葉の引き出しを持っておく必要があります。

僕はその引き出しを増やすために、とにかく本を読みました。仏教の本、メンタルの本、名言集の本などを、時間がある時に繰り返し読む習慣をつけていました。本には、「これ使えるな」「こういうふうに説明すればいいのか」と思えるヒントがたくさんありました。

テレビや新聞などで「これ、いい言葉だな」と思うものがあれば、メモをしておいて、いざという時に使ってみたこともありました。どんなピッチャーにも躊躇なく言葉を掛けられるようになるためには、それだけの準備をしておかなくてはならないということです。

相手を変えるのではなく、自分を変える

本を読むようになったのは、大矢さんのアドバイスがきっかけでした。20代の初め頃、大矢さんに「秀吉の考え方はキャッチャーに当てはまるから読んでみろ」と、豊臣秀吉の本を勧められたのです。

みなさんもご存知の通り、豊臣秀吉は織田信長の下で信長をうまく操った人ですが、僕が読んだ本にはその方法や考え方が詳しく描かれていました。表に立つ人を、主役は自分だと思わせながら裏で上手に操っているのです。**まさに信長がピッチャー、秀吉がキャッチャーです。**キャッチャーも、ピッチャーに主役だと思わせながらうまくリードすることが求められるので、確かに通ずるところがありました。

そのほかに印象的だったのは、宮本祖豊さんの著書『覚悟の力』です。その

【覚悟の力】
14年に刊行された宮本祖豊氏の著書。比叡山に伝わる荒行を通して得た〝生きるヒント〟が綴られている。

本をきっかけに知った伝教大師・最澄の「一隅を照らす」という言葉が、キャッチャーとして生きていた僕の心に強く響きました。

僕の存在はメインではないかもしれないけれど、僕自身が全力を尽くすことによって、まわりを照らすことができる。そのために僕はこの持ち場にいるんだということに気づかされ、今自分がすべきことを冷静に見つめ直すことができました。


いろんな本を読んでいく中で気づかされたのは、**「相手を変えるのではなく、自分を変えたほうがいい」**ということでした。特にフィリップ・マグロー著『史上最強の人生マニュアル』では、自分が変わることが人間関係改善につながることを学びました。相手を変えようとするといろいろと難しく考えてしまいますが、自分を変えることは至ってシンプルで労力が要りません。

キャッチャーというのは、どうしてもすべてを自分の思い通りにしたくなるものです。僕自身もかつてはそうでした。僕はもともとピッチャーだったこと

【史上最強の人生マニュアル】

全米で50万部突破したベストセラー。過酷な現実社会で豊かな人生を送るための方法などを紹介。

もあり、ピッチャーに対して「なぜこんなところに投げるんだよ。俺ならこんな球、絶対に投げないぞ」とイライラしたこともありました。でも、ピッチャーがいて、バッターがいて、試合の流れもある中では、なかなかすべてが思い通りには運びません。

それならば、自分の考えを変えればいい。合わないピッチャーがいるのなら、自分が一歩引いて会話をするように心がければいい。「なぜこんなところに投げるんだよ」ではなく、まずは「自分のサインの出し方が悪かったのかもしれない」と考えるようにしたのです。

それに気づいてから、ピッチャーとの相性によって結果が左右されることがなくなりました。そして、僕がピッチャーに掛ける言葉も、自然と相手の心にしっかり届くようになりました。

恥ずかしながら、僕がそれに気づいたのは30代になってからのことです。もう少し早く気づけたらよかったなと正直思います。読者のみなさんの中にキャッチャーをやっている人がいたら、ぜひ今日からそのことを忘れずにピッチャーと向き合ってみてください。

ピッチャーに対して、キャッチャーのあるべき姿

僕は、たとえピッチャーに何か言われても、それに対して言い返せるだけの準備を常にしていたつもりです。ピッチャーのことも、相手バッターのことも、誰よりも知り尽くしていると自負できるくらいリサーチをしていました。なぜそのサインを出したのかも、理論的に説明することができました。

キャッチャーは、ピッチャーに「わかった」と頷かせるだけの材料を持ち合わせていなければなりません。**誰よりも予習して、誰よりも復習しないといけないのです。**それが、ピッチャーに対するキャッチャーの在り方だと思っています。

ピッチャーには、速球派、変化球ピッチャー、コントロールピッチャーなどいろんなタイプがいますが、キャッチャーはそれぞれの持ち味に対応する力も必要です。

その対応力を、いかにしてつけるか。その答えはとてもシンプルです。**「このピッチャーのもっとも得意とするものは何か」を研究し、普段の練習からそれを引き出す訓練をするのです。**

実際、僕もピッチャーにどうしたいかを聞いて、「速い球で勝負したい」と言われたら、「よし、それで行こう」と言って実践していました。たとえコントロールがよくなくても、「コントロールを磨けよ」とは言いませんでした。

ドラゴンズで一緒にプレーしていた川上憲伸には、ストレート、大きいカーブ、シュート、カットボールと四つの球種がありました。一方、スライダーはあまりよくなく、フォークもあまり落ちませんでした。

彼がカットボールを投げ始めた頃、左バッターのインコースにそれさえ投げ

【川上憲伸】
97年ドラフト1位で中日に入団。09年よりアトランタ・ブレーブスでプレー。12年から中日に復帰し、15年に退団。04年と06年に著者と最優秀バッテリー賞を受賞した。

ドラゴンズがリーグ優勝を果たした2004年と2006年、
川上憲伸とともに最優秀バッテリー賞を受賞した

ておけば、バッターは「つまる」「ファウルを打つ」「気になって手を出さなくなる」のいずれかで、次に外角のシュートを投げれば見逃し三振がとれました。しかし、一年、二年とそれを続けていくと、少しずつ変化が緩くなったり、バッターも対応してきたりします。そのため、今度は左バッターの外からのカットボールを使い始めました。

このように、ピッチャーの得意とするものを活かした上で、ピッチングの幅を持たせてあげることができた時には、キャッチャーとして大いにやりがいを感じました。

プロは生きるか死ぬかの世界で、たった一球で選手寿命が長くなったり短くなったりします。そんな中で、「どうやったらこのピッチャーを生かしてあげられるのか」を常に考えてやってきました。その答えの一つが、「ピッチャーのよさを引き出すこと」だったのです。

ここまで、ピッチャーとの関係づくりについて僕の考えをお話しました。僕がバッテリーの信頼関係を作ることをどれだけ大切にしてきたか、おわかりいただけたかと思います。

冒頭で、高校時代からプロの初期の頃までは「どうやってこのバッターを抑えてやろうか」という感覚が先行し、なかなか結果を出せなかったという話をしました。もちろん、対バッターの視点も必要不可欠です。**でも、キャッチャーがまず向き合うべきなのは、18・44メートル向こうにいる、同じユニフォームを着た〝旦那役〟なのです。**

「ピッチャーとの関係を考える」まとめ

▼まず人間観察

キャッチャーがまず行うべきは人間観察。ピッチャーをはじめ、チームメイトや相手チームの選手までよく観察する。普段の癖や性格はグラウンドでのプレーとつながっている。

▼アピールも必要

ピッチャーの信頼を得たいのであれば、練習して自信を持てるレベルまで技術を上げること。そして、その姿勢をしっかりまわりにアピールすること。

▼言葉の引き出し

ピッチャーに言葉を掛ける時は、冷静で理論的であること。心に響く言葉の引き出しを持つために、本を読むことも欠かさない。

▼自分を変える

読書からもキャッチャーに必要な教えを学ぶことができる。特に大きな学びは「相手を変えるのではなく、自分を変えること」。その考え方がピッチャーとの関係性を変える。

▼得意を引き出す

ピッチャーを納得させられるくらい、キャッチャーはピッチャーやバッターのことをリサーチすること。迷ったら、ピッチャーのもっとも得意とするものを引き出してあげる。

優勝するチームに必要な要素とは

ベイスターズ優勝メンバーにあったもの

僕がプロ入りして10年目のシーズン（98年）に、横浜ベイスターズは38年ぶりのリーグ優勝を果たし、日本一を達成することができました。

当時は同世代の選手が多かったこともあり、お互いに強いライバル意識を持ちながらプレーしていました。僕自身負けん気は誰よりも強く、特に同じキャッチャーの先輩や後輩にはプライベートで行くゴルフでも負けたくなかったし、ランニングでは一歩でもコンマ一秒でも早くゴールしたいと思っていました。今思うと、ポジション争いでも打順でも、選手が自然と「あいつに勝ちたい」と思えるような環境を、球団が作ってくれていたと感じます。

97年に2位になって、自分たちに優勝できるだけの力がついてきていることは選手みんなが感じていました。ただ、その時の主力選手は誰も優勝した経験がなかったので、どのくらい数字を残せばそこに到達できるのか感覚が掴めず、それが大きな不安要素でした。貯金がいくらあっても「本当に優勝できるのか」という思いがいつまでもつきまといました。マジックが点灯しても、対象チームの勝敗によってマジックが減らなかったりすると、優勝目前でも不安になったものでした。

無事に優勝し、日本一にもなって、二回のビールかけをやって優勝旅行も終わると、今度は何を目標にすればいいのかがわからなくなってしまいました。ずっと追い求めてきた目標を達成したため、チャレンジャー精神をすっかり失ってしまったのです。案の定、翌シーズンは出だしで躓いてしまい、急遽ミーティングを開いた記憶があります。

目標を常に持ち続けることの大切さをそこで痛感したわけですが、僕にとっては、その経験が中日ドラゴンズに移籍してからの優勝で活きることになりました。

勝ち続けるための目標設定術

ドラゴンズに移籍してからは、2004年、2006年、2010年、2011年にリーグ優勝を果たし、2007年はクライマックスシリーズを経て日本シリーズに出場し、日本一になりました。何度か優勝を経験する中で、勝てるチームに欠かせない要素も見えてきた気がします。

勝てるチーム、勝ち続けられるチームには、自分の役割をしっかり把握している選手が揃っているという印象が強くあります。選手一人一人が果たすべき役割を理解して、それをグラウンドの中でしっかり実践しているのです。ドラゴンズに限らず、勝てるチームにはどこでもその要素があると思います。

僕が特に心がけていたのは、「勝ち続けるための目標設定」です。同じメンバーで同じ目標を掲げて同じように挑んだらまた勝てるかというと、それはほぼ不可能です。なぜなら、現状維持をしようとするとレベルは必ず下がるからです。そのため、個々がレベルをもうワンランク、ツーランク上げていけるような目標を設定しないといけません。

僕は7番か8番を打っていたので、例えば「バッティングをさらに磨いて6番を打てるようにしよう」とか、1番バッターだったら「新しい技術を取り入れて3番を打てるようになろう」

とか、そんなふうに一人一人がレベルアップする目標を設定することが大事です。

また、僕は「一年の目標」「半年の目標」「一ヶ月の目標」「一日の目標」とそれぞれ分けて設定していました。さすがに44歳まで現役でプレーするとは思わなかったので、そこまで長い目標設定はしていませんでしたが（笑）。

選手一人一人がスパンごとにきちんと目標を設定して、自分の果たすべき役割を理解し、それをグラウンドで出すこと。優勝した当時のチームは、それができていたと思います。おそらく今のプロ野球で上位のチームも、それができているからこそ強いのではないでしょうか。

第二章

配球を考える

「もしかしたら」を常に考える

ピッチャーとの関係づくりの話を終えたところで、今度は配球について話していきましょう。配球に関しては、なかなかシンプルとはいきませんが、できるだけわかりやすく伝えていきたいと思います。

よく「配球はどう組み立てているのですか」と聞かれることがありますが、これは答えるのが難しい質問です。野球というスポーツは常に動いている〝生き物〟なので、「これがすべて」「これが絶対」というものはなく、**試合の流れの中で瞬時に決断を下していかなくてはなりません。**

机の上で、「まず一球目はこれ、二球目はこれ、三球目はこれで、最後に四球目で打ち取る」とシミュレーションするのも大事なことなのですが、それがすべてできたら毎回完全試合ができてしまいます。

まず、僕が考える「配球とは何か」について説明します。

ストライクゾーンは9分割で表示されますが、バッターにはその9分割の中で打つ確率が高いところと低いところがあり、それがデータで出ています。

例えば、アウトローが2割、インハイが2割しか打てないけれど、ほかのところは2割8分打つバッターがいるとします。でも、ここぞという場面でアウトローかインハイに投げれば打たれないかというと、そういうわけでもありません。

バッテリーは、その時の試合状況や心理状態を踏まえた上で、その2割しか打たない確率を1割5分に下げるための努力をします。これが、僕が「配球」だと理解しているものです。

それができるようになるためには、キャッチャーはバッターのすべてのデータを頭に叩き込んでおかないといけないし、ピッチャーに対しても自信を持って「ここに投げてこい」とサインを出せるようにならないといけません。

しかし、そうなるまでには当然時間がかかります。どんなにリサーチや練習をしても、試合という実戦の場での経験値が必要だからです。僕自身も、プロに入った頃は配球面でいろんな苦労をしました。

僕がプロに入りたての18歳の頃、ストレートのサインを出したにもかかわらず、ピッチャーが変化球を投げてきたことがありました。僕はそれを後ろに逸らしてしまったのですが、その時にピッチャーから「あのくらい捕れよ」と言われました。

僕は「サインはストレートだったのに」と言いたかったのですが、「いや、それでも捕らないといけないよな」と思い直しました。逆球が来ても、まっすぐのサインを出して変化球が来ても、捕らないといけないのがキャッチャーです。

その練習として、次のシーズンのオープン戦の時には「今日はノーサインで行きましょう」と僕のほうから提案しました。実践の機会を作って訓練を積むしかないと思ったのです。

大矢さんからは「ピッチャーを100パーセント信じるな」と言われていました。実際、公式戦の試合でもストレートのサインを出して変化球が来るといったサイン間違いは、よくあることです。ピッチャーのコントロールが悪ければ、逆球が来ることなんて何度もあります。キャッチャーは、サインを出して「ここだよ」と示したらそこに来るものだとつい思ってしまいがちですが、そこに来ないことのほうが多いのです。

それでも、キャッチャーは何事もなかったように、パーンといい音を出して捕るようにならないといけないのです。そうすれば、ピッチャーはキャッチャーのことを信頼し、安心して投げることができます。

まっすぐのサインを出していても、「もしかしたら」という疑いをキャッチャーは持つべきです。「もしかしたら逆球かも」「もしかしたらワンバウンドかも」と、いろんなシミュレーションを頭の中でしておくことが、どんな球でも捕れることにつながります。それが、配球を組み立てる前段階の基本なのです。

日常生活から「もしかしたら」に備える

第一章でもお伝えした通り、大矢さんからは「日頃から自分はキャッチャーなんだということを忘れずに生活しなさい」と言われていました。そして、配球においてもグラウンドの外でできる訓練方法を教えてくれました。

僕はベイスターズ時代、高速道路を使って横浜スタジアムに通っていました。みなさんもご存知かと思いますが、高速道路では料金所が近くなると車線が一気に広がります。その時、どの車線に行けばいちばん早く料金所を通り抜けられるかを、瞬時に判断してそこに入っていくのです。**この「瞬時の判断」が、試合での判断力を磨く訓練になりました。**

しかし、予想外のことが起こります。当時はＥＴＣではなく現金での支払いが主流だったのですが、僕が並んでいる車線の前の車がどうやら大きなお札を出したらしく、おつりのやりとりをしていて動きが遅い。せっかく車が少ない

高速道路の料金所も、
瞬時の判断力を磨くための訓練の場に

車線に並んだのに、隣の車線のほうがスムーズに流れてしまうこともあるわけです。これは、まさかの判断ミスです。

ほかにも、「どこの交差点で曲がったら信号に捕まらず早く球場に着けるか」も毎日のように試していました。「次の信号が赤だから、もしかしたら迂回したほうが早いかも」と思って右折してみると、そこが大渋滞ということもありました。これも判断ミスです。

僕の中では、そうやってミスを繰り返しながら、試合勘に似たようなものを鍛えているわけです。面白いもので、ミスなくスムーズに球場に着いた日は、試合中もうまく勘が働くものでした。

歩いている時や自転車に乗っている時でも、前方から人や自転車が来た時に「相手はどっちに動くかな」「自分がこっち側に動いたら向こうはどう動くかな」などと考えながら、一瞬の判断で動いていました。

些細なことですが、これを毎日一回ずつでも続けたら、一年でその訓練が

365回もできます。一日二回やったら700回以上もできます。それだけやれば、自然と頭を使うことにも慣れていきます。

僕は、キャッチャーは日常生活からこういう視点を持つことがとても大事だと思っているし、僕の経験上、そういった訓練が試合に必要な判断力を養ってくれたと実感しています。

その訓練をすることによって、もう一つ養われるものがあります。それは、試合にも必要な「リセット力」です。

スムーズに球場まで行けた日は、勘も冴えていて試合でも絶好調なのですが、判断ミスを繰り返した日は、なんとなくうまくいかないような気がしてしまいます。でも、それではプロとしてダメ。予想通りにいかなかったとしても、すぐにリセットするのです。

そもそも、料金所をほかの車線よりも早く通過できなかったというのは、所詮小さなミスです。ですから、リセット作業も簡単にできます。簡単なリセット作業を日常的に繰り返し行うことで、試合の時のミスもスムーズにリセットできるよう自然と訓練されるのです。

僕はもともと感情が表に出るタイプで、若い頃はイラっとしたり落ち込んでいたりするのがまわりにもバレていましたが、そんな僕でもこのような訓練をすることで、冷静に頭の切り替えができるようになりました。


もう一つ、リセットにはコツがあります。それは、物事をゆっくり見るように心がけることです。「どうも判断力が鈍いな」と感じる時には、少し立ち止まって謙虚にまわりを見渡してみるのです。

そうすると気持ちが落ち着いて平常心を取り戻すことができ、冷静にリセットすることができます。僕も若い頃は試合中に焦ってミスをすることもありましたが、ベテランになってからはそういうことがほとんどありませんでした。

ピッチャーが焦っている時、その焦りが移ってしまうキャッチャーもいますが、このリセット作業がうまくできるようになると、まわりの選手からの影響も受けにくくなります。

常日頃からリセットの練習をやっておけば、「これだけ訓練したんだから大丈夫」という自信も生まれます。それさえあれば、平常心はいつでも取り戻すことができるのです。

一試合分の配球を何も見ずに言う訓練

もう一つ、キャッチャーにとって欠かせない訓練があります。それは、記憶力の訓練です。

キャッチャーは、事前にリサーチしたこと、予習したこと、復習したこと、本で読んだことをすべて覚えておいて、試合中いざという時に役立てなくてはなりません。

大矢さんがバッテリーコーチだった頃、「**一試合分の配球を1回から9回まで何も見ず全部言えるようにしろ**」と言われたことがありました。仮に一試合の投球数が120球だったとしたら、その120球すべて「何の球だったか空で言えるようにしろ」と言うのです。

最初は、「この人、なんてむちゃくちゃなことを言うんだ」と正直思いました。試合が終わってから配られるチャートと記憶をすり合わせるのですが、ほとんど頭から抜けています。最初の頃は、半分くらいしか正解できませんでした。でも、それを続けていくうちに、何も見ずに「1番○○、初球は○○、次は○○」と、誰に対してどの球種をどのコースに投げたか、何球目で何を打ったかまですべて言えるようになりました。

何球もファウルで粘られた時などは一球くらい抜けることもありましたが、いちばん記憶力がよかった時（98年頃）は、ファウルがどこに飛んだかまで覚えていました。そして、時間が経ってもある程度その記憶が残っていたのです。

この作業は毎日のルーティンとして、レギュラー時代はずっとやっていました。最初は全球思い出すのに一時間くらいかかっていましたが、ベテランになってからは15分もあればすべて空で言えるようになりました。

僕が監督になった時、ドラゴンズのキャッチャー3人にも同じように「チャートを見ずにすべて言えるようにしておけよ」と指示しましたが、試合後に「今日の長野（久義・ジャイアンツ）はどうだった？」「3番・坂本（勇人・ジャイアンツ）はどうやって抑えた？ その配球の意図はなんだ？」と聞いても、最初はまったく答えられませんでした。しかし、訓練していくうちに彼らもだんだん言えるようになりました。

この訓練をやっておくと、緊迫した場面で必ず役に立ちます。「あ、このバッターは過去にこうだったな。だったらこういう攻め方もできるぞ」という引き出しになり、勝敗を分けることにもつながります。

ただ、お察しの通り、この訓練はとてもタフです。やるかやらないかは自分次第ですが、僕はキャッチャーには絶対に必要な訓練だと思っています。監督時代、春のキャンプでこの訓練ができていなかったキャッチャーはファームに落としたくらいです。

キャッチャーに合う性格かどうかは生まれ持った資質が大事だと言う人もいますが、僕はこういった訓練を積み重ねていけば、誰でもキャッチャーができるようになると思っています。実際、僕がそのいい例です。

野球では、根っからの天才はいないと僕は思います。練習しなくてもできる人のことを天才と言いますが、野球ではそんな人を見たことがありません。技術面だけではなく、性格的なことも訓練によって必ずできるようになっていくはずです。

サインに首を振るピッチャー

第一章でもお伝えしましたが、ピッチャーとキャッチャーの合う・合わないは、人間同士なのでどうしてもあります。

呼吸の合うピッチャーとは「はい、次の球はこれ」「ＯＫ」というサインのやりとりがスムーズにできます。「バッターをどう打ち取るか」というイメージが一致する確率が高いのです。バッターの分析方法や戦略の立て方が似ているのかもしれません。

かといって、呼吸の合わないピッチャーが嫌だというわけではありません。打ち取り方の方法論が少し違うというだけです。僕は、こちらのサインに対して「ＮＯ」を繰り返すピッチャーには、最終的には「好きな球をどうぞ」というスタンスでいました。

若い頃は、ピッチャーが首を振ると、「こっちが必死に考えてサインを出しているのに」と、正直心の中でムカッとしていました。「じゃあ勝手に投げれば？」と思うこともありましたが、そういうわけにもいきません。

年月が経つにつれて、首を振るピッチャーへの対応力もついてきました。例えば、ピッチャーが四つ球種を持っていた場合、僕の中で優先順位をつけます。まず、「この球がこのバッターに対していちばん有効だ」と思って球種とコースを選びます。そこでピッチャーが首を振るのであれば、次はこの球。それでも首を振るならこの球、という形で優先順に選んでいきます。三回目くらいで首を振られたら「好きな球をどうぞ」となりますが、さすがにベテランになってからは、そこまで首を振られることはなくなりました。

僕がある程度実績を残して勝てるようになってからは、「自分ではこの球だと思っていたけど、谷繁さんがこのサインを出してきたからそれを信じて投げました」と言ってくれるピッチャーも増えました。そういう言葉は、僕にとって励みにもなりました。

キャッチャーの理想形はいろいろありますが、「ピッチャーが絶対的な信頼を寄せて任せてくれる」という意味では、これも理想形の一つと言えます。

一方で、第一章の最後でもお伝えしたように、ピッチャーのいちばんいい球で勝負させてあげることもキャッチャーの理想形の一つです。

僕が受けたピッチャーの中では、浅尾拓也（ドラゴンズ）がよく首を振りました。あれほど首を振ってきたピッチャーはほかに思いつきません。甘いマスクに似合わず、マウンドに立つと自分が投げたい球をかなり押してくるタイプでした。「俺はこうやってバッターを抑えたい」というこだわりが強いのでしょう。浅尾のようなタイプのピッチャーには、ピッチャー自身がいちばんいいと思う球で勝負させることも大切です。

このタイプのピッチャーには、わざと首振りのサインを出して首を振らせ、バッターにいろんなパターンを連想させるのもいいでしょう。首をよく振るピッチャーであれば、そうやってバッターを翻弄するテクニックも使えます。

ピッチャーに対しては、「ある程度キャッチャーを信頼してほしい」という気持ちと、「自分でも責任感を持ってほしい」という気持ちの両方があります。

特に配球においては、ピッチャーとキャッチャーの双方がしっかり考えて

【浅尾拓也】
06年大学生・社会人ドラフト3巡目で中日に入団。10年、11年と2年連続で最優秀中継ぎ投手に。11年には中継ぎとしてシーズンMVPを獲得し話題に。

出した答えがいい結果を招くと僕は考えています。もしピッチャーがすべてキャッチャー任せだったら、違うキャッチャーが受ける時にいい結果が出せなくなってしまいます。

ピッチャーはある程度自分で組み立てた中でピッチングができて、なおかつキャッチャーと意思の疎通ができることが求められます。それができて初めてリズムよく投げられるし、意図のある球が投げられるようになります。

僕はベテランになってから、若いピッチャーたちに「誰がキャッチャーでも勝てるピッチャーになれよ」と伝えていました。相性のいいキャッチャーがいたとしても、いつかはいなくなるわけですから。

バッターの特性を理解する

現在日本のプロ野球ではシーズンを通して143試合が行われており、各チームとの対戦が25試合（同一リーグ内）あります。その中で、バッターには好調期を迎えるタイミングが必ずありますが、クリーンアップや1番バッターの絶好調の時は、「打ち損じを待つしかない」というのが僕の結論です。

しかし、そうはいっても「できるだけ嫌がることをしてやろう」と思っていたし、やはり「どうやって抑えてやろうか」と考える面白さはありました。それがぴったりハマった時は最高に嬉しいものです。

レギュラーとして毎試合出場していても、シーズン最初の三連戦×五カードは手探りです。僕のイメージでは、そこで得たものを次の三連戦に活かし、消化した6試合を次の三連戦に活かし、さらにその9試合を次に活かすという感覚です。そして、シーズンで得たものすべてをクライマックスシリーズで出すわけです。

テレビで観戦している人はセンターカメラから試合を見ていますが、僕はバッターの斜め後ろから試合を見ていて、バッターは僕の右上か左上の視界の隅に見えます。

ピッチャーの球を見ているのでバッターを直視することはしませんが、**タイミングの取り方、足の踏み出し方、バットの振り出し方は視界に入るので、頭の中に映像としてインプットしておきます。**

このバッターはバットが寝ているのか、立っているのか、そういったこともチェックしておきます。そのため、僕はなるべくバットを振らせたいと思っていました。その日の一打席目で、バッターが今日はどんな調子なのかをインプットしたいからです。


阿部慎之助（読売ジャイアンツ）は、バットの出方で好不調がわかりました。僕の視界から見て、バットが立ちながら出てくる場合は調子がいいのですが、バットのヘッドが寝ている時は調子がよくありません。そんな時は、「捕らえられた！」と思ってもファウルになるし、空振りになるし、ボテボテのゴロになります。その様子を見極めて攻め方を変えていくのです。


【阿部慎之助】

00年ドラフト1位で巨人に入団。14年まで正捕手として活躍し、最優秀バッテリー賞に6回輝いた。12年には首位打者、打点王、最高出塁率のタイトルを獲得。

バットが立っている好調時の攻略法は、まず彼にとって得意な内角からボール気味に攻めてファウルを打たせます。それによって体が少し開きやすくなるので、今度は外のコースを攻めていきます。外角の球で体の開きが元に戻ってきたところで、もう一度内角に突っ込みます。そういう配球をして調子を狂わせる戦略でした。

特に打ち取るのが難しかったのは、前田智徳（元広島東洋カープ）です。試合前のミーティングでは、「前田はどこに投げても調子がよければ打つから、打ち損じだけ待とう」と言っていたくらいです。それほどいいバッターでした。

彼の場合は、球がすべてバットに乗っていく感じがしました。「よし！ゴロになる」と思っても、バットが球をさらっていくように外野まで持っていかれてしまうのです。どこに投げても、僕の目の前でバットが球を捕まえてしまいました。

【前田智徳】
89年ドラフト4位で広島に入団。アキレス腱断裂から復活を果たし、02年にカムバック賞を受賞。07年に2000安打達成。職人的なバッティングで知られる。

同じアベレージヒッターで印象に残っているのは、現在もメジャーリーガーとして活躍しているイチロー（マイアミ・マーリンズ）です。キャッチャーは、ピッチャーが投げた瞬間に「あ、見逃すな」「ファウルだな」と、ある程度予測がつきます。しかし、イチローはそれを覆すバッターでした。

彼が日本球界にいた頃にオープン戦で対戦したことがあるのですが、ピッチャーがアウトローに投げた瞬間、僕は心の中で「よし！」と叫びました。よくてもファウルだろうと思ったのです。ところが、イチローのバットはあっという間に出てきて、僕が捕ろうとした球をあっさりとレフト前に運んでいったのです。

今まで対戦した日本人選手の中で、トップからインパクトに行くまでの速さは、やはりイチローがナンバーワンだったと思います。

僕は一発のあるホームランバッターよりも、前田やイチローのようなアベレージヒッターのほうが苦手でした。彼らのようなバッターには、キャッチャー

【イチロー】
91年ドラフト4位でオリックスに入団。94年、当時の日本プロ野球最多安打（210）を記録。01年シアトル・マリナーズに移籍し、04年にメジャー最多安打記録（262）を樹立。ニューヨーク・ヤンキースを経てマイアミ・マーリンズに移籍。16年にメジャー3000安打を達成。

前田智徳は、特に打ち取るのが難しかったバッター

としてどこかで腹をくくらないといけません。逃げではないけれど、「打ち損じろ！」と神頼みのような思いでサインを出していたこともあります。とはいえ、あくまでやるべきことをやった上での神頼みなので、意図は必ずあるわけですが。

どのバッターにも苦手なコースはありますが、彼らのようなバッターの場合はシーズンを通した打率が3割を超えていて、苦手なコースといっても2割5分は打っています。要は、どこのコースに投げても打たれる率は高いということです。ですから、この章の最初にお伝えしたように、**その2割5分を2割に、さらに1割8分へと下げていく戦略が、配球面では必要なのです。**

キャッチャーは、言葉でバッターを動揺させることもあります。僕はしませんでしたが、かつては野球に関係ない私生活のことを言って、バッターを動揺させるキャッチャーもいました。

僕の場合は、例えば初球がファウルだった時には、「あれ？　今のちょっと遅れてるね」と言ったり、バッターが打つ気に見せて見逃した時は「今の全然打つ気ないでしょ」と言ったりしていました。カープの新井貴浩は、「谷繁さんには全部バレてると思いました」と言ってきたことがあります。

バッターを意識して、ピッチャーに「低く」「高く」「広く来いよ」とわざと声に出して言う時もあります。「広く来いよ」と声に出していても、サインでは「ど真ん中」ということも、もちろんあります。

バッターによっては「うるさい」と文句を言う人もいますが、それで怯んでいるようではキャッチャーは務まりません。中には「おい、お前ら(バッテリー)わかってるな」と言って、「俺の苦手な球を投げるなよ」と暗にプレッシャーを与えてくるバッターもいましたが、キャッチャーはそんなことに動じてはいけないのです。

【新井貴浩】
98年ドラフト6位で広島に入団。08年より阪神でプレーし、15年から広島に復帰。16年に史上47人目の2000安打を記録。同年の広島25年ぶりのリーグ優勝の立役者。

選択肢を広く持っておく

キャッチャーは、相手バッターをある程度リサーチした上で、「このバッターはこうやって抑えていこう」という配球のビジョンを予め描いておく必要があります。しかし、当然ながら、実際の試合ではそのビジョン通りに行かないこともあります。

自分が思い描いていたビジョンから外れた時、どうしても「自分の思い描く配球に戻したい」という意識が働いてしまいがちです。しかし、戻すという作業には焦りが伴います。そのため、描くビジョンの中に「許容範囲」を設定しておくのです。

例えば、インサイドの球を要求したのに逆球が来たとします。その場合、もう一度ゼロから配球を練り直すのではなく、その一つ前の球と今来た逆球で組み立て直すのです。これが許容範囲です。そういう考え方をすれば、予想外の球が来ても焦ることがありません。

僕は若い頃、「このピッチャーはこれを勝負球に使う」「これをカウント球に使う」という決め事を作っていましたが、許容範囲を広く保つために、その決め事を一旦忘れることにしました。

例えば、ストレート、カーブ、フォークと三つの球種を持つピッチャーがいるとします。ストレートがAランク、カーブがBランク、フォークがCランクと得意・不得意のバラつきは当然あるものですが、そんな時はどうしてもAランクのストレートを勝負球として使いたくなるものです。

しかし、僕は全球種をカウント球でも勝負球でも使えるよう、ピッチャーとともに練習と実践を重ねていました。「このカウントになったら8割方ストレートで行く」というのではなく、どの球種でもカウントも作れるし勝負もできるというふうにしておいたのです。

これによって許容範囲が広がり、配球のバリエーションも増えます。そして、バッターに球を絞られにくくなるというメリットも生まれます。

たしかに「勝負球はこれ」と決めておくことも必要なのですが、そればかりやっているとピッチング自体がとても窮屈になってしまいます。「その球でしか打ち取る方法がなくなる」という配球はできれば避けたいので、そのために選択肢を増やしておくことはとても大事なのです。

僕がなかなか選択肢を広く持てなかった頃、当時ベイスターズの監督をされていた権藤博さんから「勇気を持って緩い球を使いなさい」とアドバイスされたことがありました。

当時、権藤さんはピッチャー陣にチェンジアップを教えていたのですが、緩い球を使うのはバッテリーにとっても勇気が必要で、僕はその使いどころが下手でした。それで、権藤さんがそのように背中を押してくれたわけです。

それまでは、強気なリードといえば「インコースを攻める」「ストレートで攻める」ということばかりを思い浮かべていましたが、それだけではなくいろ

【権藤博】
現役時代は中日で投手として活躍。97年に横浜のバッテリーチーフコーチに就任し投手陣を整備。98年に監督に就任。チームを日本一に導いた。17年のWBCでは侍ジャパンの投手コーチを務める。

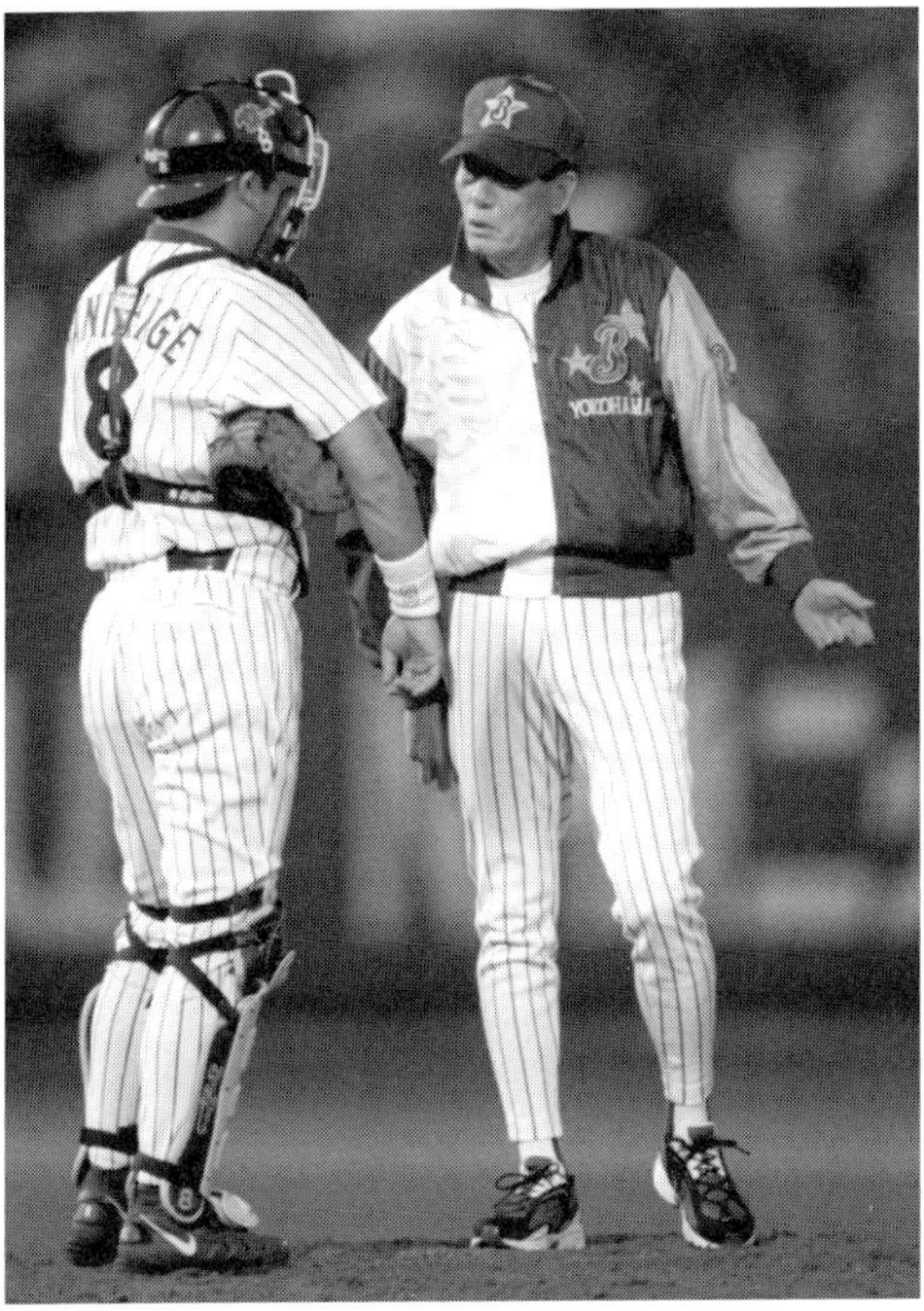

権藤氏からは、ピッチャー目線のアドバイスをもらうことも

んな攻め方があるという大きな発見でした。一辺倒ではなく、配球でもいろんな引き出しを持つことによって、キャッチャーとしての幅がさらに広がるのだなと実感しました。

意図のある配球をする

僕が配球で心がけていたのは、いい球が来た時、次にそれよりもいい球を求めないということです。

キャッチャーがアウトローを要求し、それがコントロールよくパーンと決まったら、もう一度それを要求してしまいがちです。「今投げられたのだから、もう一球投げられるだろう」と思ってしまうのです。でも、**いい球が必ずしも二球続くとは限りません**。同じレベルの球を求めすぎると違う結果になることもあります。

ピッチャーのほうも、いい球が決まるともっといいところに投げようとして力むので、かえって甘めに入ってしまうことが多いのです。大矢さんの「ピッチャーを100パーセント信じるな」という教訓は、これにもあてはまります。

配球においては、「キャッチャーはピッチャーを信じすぎず、ピッチャーは過信せず」という考えが基本です。常に「もしかしたら」を想像して、疑いを持っていないといけないのです。

もう一つ、配球で大事なのは、必ず意図を持つことです。先ほども少し触れましたが、僕は試合後に配球をおさらいする時に、なぜこのバッターに対してこの球を要求したのか、その意図をすべて説明でききました。

繰り返しになりますが、意図を持つ配球をするためには、ピッチャーの性格や癖、バッターの傾向など、あらゆるリサーチを入念にしておかなくてはなりません。そのリサーチによって得た材料に、日常生活で鍛えられた判断力やリセット力、実戦によって鍛えられた試合勘を重ね合わせ、確信的な意図を持って配球を組み立てるのです。

意図のある配球をして打たれるのと、何も意図がなく投げて打たれるのでは、意味合いが大きく違います。「この球なら大丈夫だろう」というレベルではダメで、「絶対にこうなるからこの球」という根拠がないといけません。そこまで確信できる根拠があって打たれたのであれば、それは仕方ないと割り切れます。

なぜ意図がないとダメなのか。バッターを抑えられさえすれば、結果オーライでいいじゃないかと言われるかもしれません。しかし、結果オーライという運だけで野球をやっていると、次につなげることはできません。

極論を言えば、きちんと意図を説明できるのなら、ミスをしたって、ホームランを打たれたって構わないとすら思います。勝ち続ける、活躍し続けるためには、必ず意図がないといけないのです。

「配球を考える」まとめ

▼配球

「配球」とは、試合状況・心理状態も踏まえた上で、バッターが打つ確率を少しでも下げるための戦略を組み立てることである。

▼もしかしたら

逆球でもサインミスでも、キャッチャーはすべての球を捕らなくてはならない。ピッチャーを100パーセント信じずに、「もしかしたら」を常に考えながらサインを出す。

▼試合勘を鍛える

車に乗っている時、歩いている時など、日常生活でも判断力の訓練になることをやっておくと試合勘が鍛えられる。ミスした時にはリセットする作業も忘れずに。

▼配球を暗記

キャッチャーにとって記憶力は大事。一試合分の配球をすべて暗記して、その意図を説明できるようにしておくと、いざという時の助けになる。

▼首を振られたら

よく首を振るピッチャーに対しては、ピッチャーの得意球で勝負させることを念頭に置き、優先順位を作っておく。首振りのサインを出すテクニックも使える。

▼バッター観察

配球を組み立てる際には、バッターの特性も大事な判断材料になるので、第一打席でできるだけ観察しておくこと。また、時には言葉でバッターを翻弄することも必要。

▼選択肢を広く

得意な球種だけを勝負球と決めつけず、すべての球種をカウント球、見せ球、勝負球として配球を組み立てられるような訓練をしておく。

▼意図をもつ

意図のある配球をすること。そのためにも、リサーチ、判断力、リセット力、試合勘が必要である。意図があるなら打たれても仕方ないと割り切り、次につなげる。

日本シリーズ完全試合、最後のイニングの配球

クライマックスシリーズを勝ち抜いて挑んだ日本シリーズ

2007年の日本シリーズで、僕たち中日ドラゴンズはパ・リーグの優勝チームである北海道日本ハムファイターズと対戦しました。

この年ドラゴンズはリーグ優勝をしておらず、2位でシーズンを終えました。クライマックスシリーズの第一ステージでは阪神タイガースに2勝し、第二ステージでは読売ジャイアンツに3勝して、負けなしで日本シリーズに進出しました。

札幌ドームで行われた第一戦は1対3で負けてしまいましたが、翌日は8対1で勝利。舞台をナゴヤドームに移した第三戦も9対1で圧勝し、第四戦も4対2で勝利と三連勝。

そして、王手をかけて迎えた第五戦。先発の山井大介は素晴らしいピッチングを披露し、8回までパーフェクトゲームとなりました。球数はまだ86だったので、そのまま続投すると思ったファンも多かったと思いますが、9回に入ったところで岩瀬仁紀がマウンドに上がりました。

この交代劇には賛否あったようですが、その試合に勝って日本一になるためには何がベストかを僕はいちばんに考えていたので、当時ドラゴンズの絶対的守護神だった岩瀬にそこで継投したことには何の疑問もありませんでした。一点差という油断できない場面を安心して任せられるピッチャーは、やはり岩瀬だったと思います。

あそこで山井が続投して完全試合を達成していたら、間違いなく球史に残る偉業になっていたでしょう。でも、その時のチームの最優先事項は、個人の偉業よりもチームの日本一。だから、僕はあれでよかったと今でも思っています。

プレッシャーがかかる場面でも冷静な配球

岩瀬はストレート、スライダー、シュートの三種類の球を持っていて、質はどの球種も同じくらいでした。僕はこの時、とにかく打ち取ることしか考えていなかったので、その中から「この打者はこの球で打ち取れる」と思った球を岩瀬に要求しました。

最初のバッターは金子誠。彼は内側の甘いコースが得意なバッターなので、そこだけ外すことを意識して、外でカウントをとりました。打ち取る時も同じく外です。最後は、外からのスライダーで三振をとりました。

二人目は高橋信二。2ボール1ストライクからの4球目。おそらく、高橋は「外のシュートでゴロを打たされるか、空振りをとられるんじゃないか」と思っているだろうとこちらは判断し、スライダーで勝負に行きました。しかし、そのスライダーが少し甘めに入ってしまいました。大きな当たりだったので一瞬ヒヤッとしましたが、結果はレフトフライ。とっさにバットが出たのは、彼の頭になかった球が来たからだろうと思います。

最後のバッターは、一発もある小谷野栄一でした。長打を警戒しなければならない打者なので、要求したのはほぼ外の球です。カウント2ボール2ストライクから、最後はセカンドゴロに打ち取ることができました。

できれば三人とも三振をとりたかったのが正直なところですが、きっちり三人で終わらせることができたので、ほぼ意図した通りにできたと言っていいと思います。日本一を決める大一番で、完全試合という緊張感もまったくなかったわけではなかったので、とにかく冷静にリードできたことはよかったと感じています。

一つだけ心に引っかかっているのが、これがリーグ優勝を経ての日本一ではなかったことです。

僕はドラゴンズ移籍後、4回もリーグ優勝を経験することができましたが、優勝を経て出場した日本シリーズでは一度も日本一になることができませんでした。やはりリーグ優勝してから日本一になるのが完全優勝であり、それこそが選手の目指すものです。

現役時代、すべてのことをやり切ったという充実感はあります。でも、ドラゴンズで完全優勝できなかったことと、最後に出場した日本シリーズでヒットを打てなかったことの二つだけが、僕にとってはいまだに心残りです。

第三章

キャッチャー技術を考える

ストライクがとれるキャッチング

ここまで、ピッチャーとの関係づくりと配球について、僕なりの考え方を紹介してきました。ここからは、指導者の方々が教えるのに苦労しているであろうキャッチャーの技術について話していきたいと思います。技術の話こそ、僕がシンプルにお伝えできる最たるものと言えるかもしれません。

先日、プロ野球のある審判と話をしていた時に、「君の構えが、いちばん球が見やすかったよ」と言われました。そう言われて、それがなぜなのか自分なりに考えた結果、自分が座っていた位置がほかのキャッチャーよりも前だったことに気づきました。僕にとっては当たり前のことだったので、その審判にそう言われるまでまったく気にしていませんでした。

例えば、球がストライクゾーンぎりぎりのところをかすめたとします。イラ

イラスト（1）

ストライクゾーンぎりぎりの場合、
球を後ろのほうで捕ると
ボールと判定されやすい

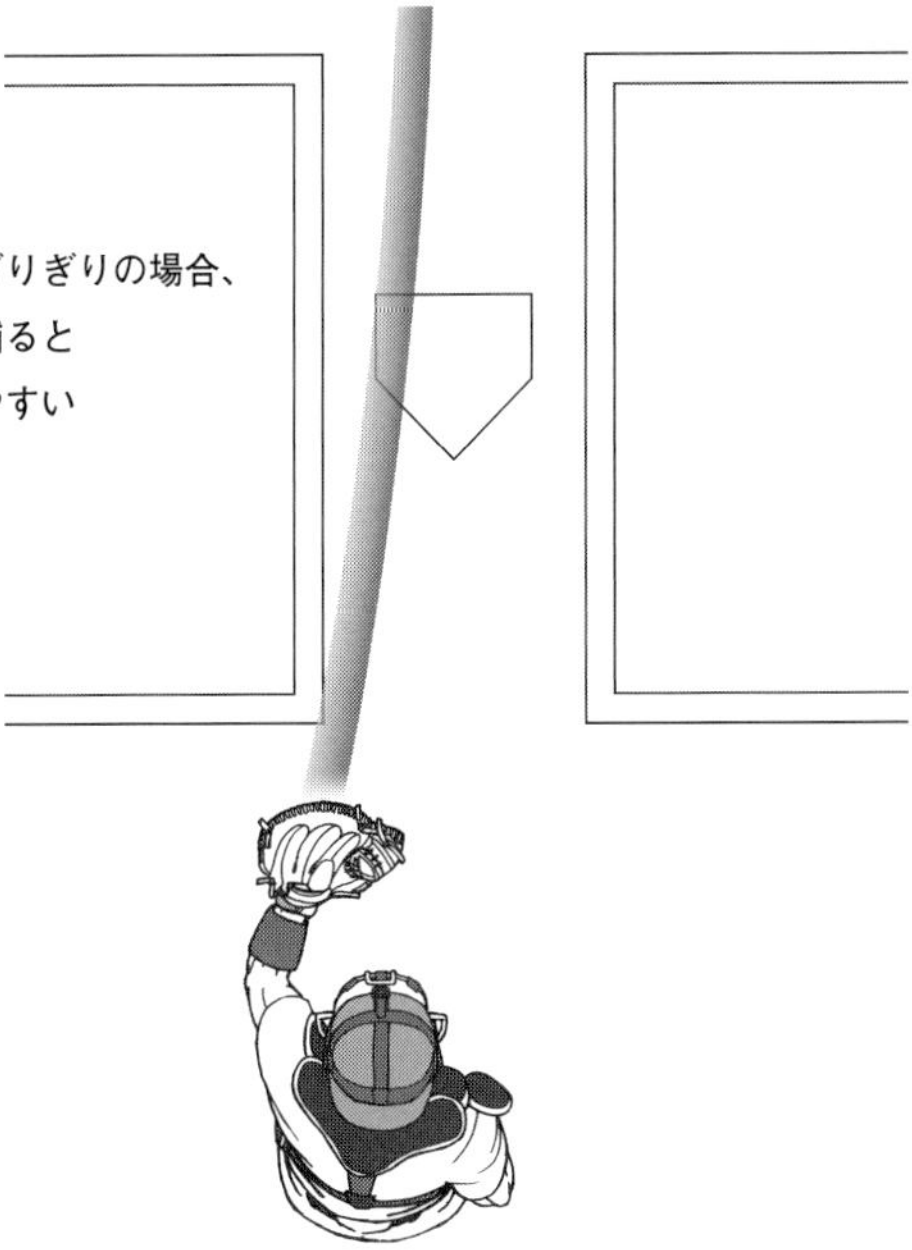

イラスト（2）

前方で捕ると
ぎりぎりストライクゾーンに
入っているように見える

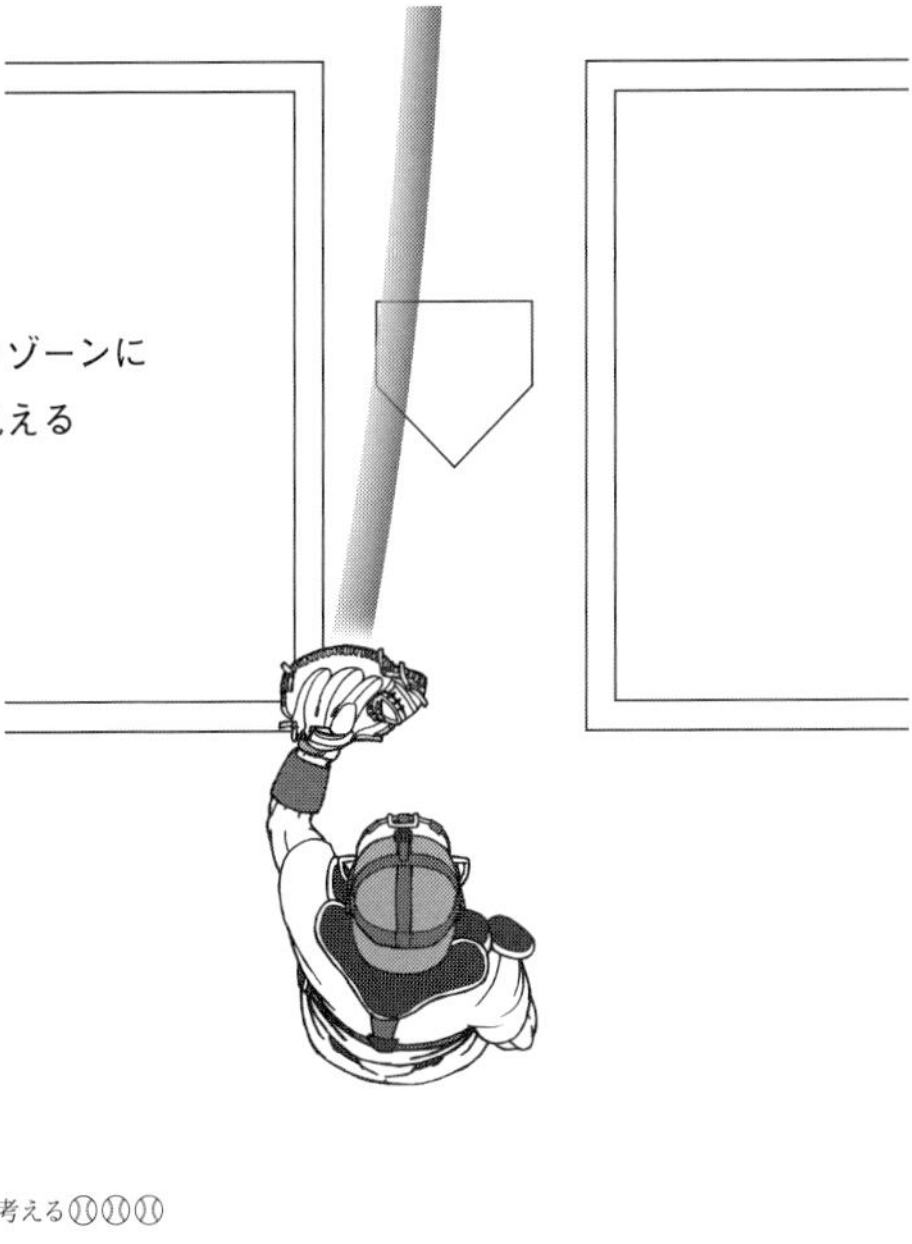

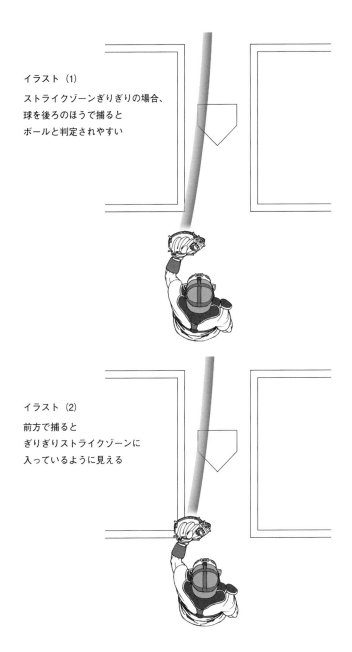

スト(1)のように、もしその球を後ろのほうで捕ったら、それは審判から見てストライクゾーンよりもだいぶ外に感じるので、ボールと判定されてしまいます。でも、イラスト(2)のように前方で捕ったら、それはぎりぎりストライクゾーンに入っているように見えます。

ということは、キャッチャーの座る位置が前のほうが、同じ球でもストライクと判定されやすいということです。つまり、**座る位置を変えるだけで「ストライクがとれるキャッチング」ができるということです。**

ワンバウンド処理の時も、前寄りに座ったほうが球のバウンドが小さいので処理しやすいというメリットがあります。座るのが後ろになればなるほど、バウンドが大きくなって球を弾いてしまいます。

ドラゴンズの桂依央利は、手足が長いためなのか、やや後ろのほうに座る傾向がありました。彼はワンバウンド処理をミスすることが多かったので、もう少し前に座るようにアドバイスをしたら、処理がだいぶ上手になりました。

【桂依央利】
13年ドラフト3位で中日に入団。捕球から二塁到達までのタイムが1・85秒という強肩が自慢の捕手。16年、自身初の開幕一軍スタメン入りを果たした。

気をつけて見てみると、全体的に今のキャッチャーは僕が座っていた位置よりも後ろに座っていることがわかりました。アメリカの審判も、「日本のキャッチャーはなぜあんなに後ろに座っているんだ」と言っているそうです。

では、それはなぜなのでしょうか。おそらく、体の大きな外国人打者など、強打者のフルスイングで頭を打つのが怖いのだと思います。

でも、物理的に考えてバットはベースの前に来るので、ミットにも頭にも当たることはありません。よほどタイミングがずれた時、バットが寝ながら出てきた時は当たることもあるかもしれませんが、僕は「自分に当たったらどうしよう」という感覚がそもそもありませんでした。それよりも、ボールと判定されるリスクを減らすことのほうが大事だと思っていました。

ちなみに、構えの際には両脚でしゃがむタイプと、片方の膝をつけるタイプがあります。古田敦也さん（元東京ヤクルトスワローズ）の場合は、左肘を横にスライドさせてキャッチすることがあり、その際に左膝が邪魔になるので、

【古田敦也】
89年ドラフト2位でヤクルトに入団。野村克也監督に育てられ、90年代のヤクルト黄金時代を捕手として支えた。ベストナイン9回、ゴールデングラブ賞10回、最優秀バッテリー賞6回受賞。06年、07年シーズンは選手兼任監督に。

左腕が自由に動くスペースを作るために左膝を地面につけていたようです。

　僕はなるべく両脚でしゃがむことを意識していましたが、疲れた時には膝をつくこともありました。脚に関してはどれが正しいという形はなく、自分の捕りやすい、動きやすい形がベストだと思うので、「両方あり」というのが僕の考えです。


　話を戻しますが、審判も人間なので、球の見え方も違うし、判定の仕方にも、性格にも違いがあります。キャッチャーはそういった審判の傾向もしっかり覚えておかなくてはなりません。

　若い頃は、「この審判には文句を言ったらダメだな」「意地になってストライクをとらなくなるな」などいろいろと考えていたこともありますが、ある程度実績を積んでからは、正直に言うことだけを心がけていました。ちゃんと正直に伝えて、審判を味方につけてしまおうと思ったのです。

　ボールをストライクと判定された時は、自分たちに不利なことでも「今のはボールでしたよ」と正直に伝えていました。そのかわり自分がストライクだと思ったら、それはもちろん「今のはストライクですよ。今の球をボールだと判定するなら、今後もストライクをとらないでください」と主張しました。正直に伝えることによって、審判の判定と僕の見解がだんだん一致するようになっていったこともありました。

また、正しく判定をしてもらうためには、当然ながら、審判にきちんと球を見てもらうことも必要です。僕は、キャッチャーの姿勢がまっすぐだと審判の視界を遮ってしまうと思ったので、いつもやや猫背気味に構えていました。「見やすかった」と言われたのは、そういった小さな工夫もあったからだと思います。

「ミットを動かさない」と言われた理由

もう一つ、アメリカの審判が言っていたと聞いたことがあるのは、「日本のキャッチャーは、なぜあんなにミットを動かすんだ」ということです。

そもそもキャッチャーがなぜミットを動かすかというと、ボールの球をストライクに見せたいという心理が働くからです。ということは、ミットを動かしている球はだいたいボールということになります。

となると、審判も「ミットが動いているならボールじゃないの？」と思うわけで、ストライクゾーンに入っている球も、ミットが動いていると「ボールかな？」と思ってしまうわけです。審判も人間なので、そういう心理が働くということです。ですから、基本的にはミットを動かさずに普通に捕ったほうがいいのです。

キャッチャーがミットを動かすことには、「タイミングをとりたいから」という理由もあります。阿部慎之助のように、キャッチする前に一度ミットを下ろすキャッチャーはプロでも多く見られます（イラスト(3)）。あれは、自分でキャッチするタイミングをとっているのです。

それも別に悪くはないのですが、どちらかというとキャッチャー本位のリズムの作り方ではないかと個人的には思っています。ピッチャーがキャッチャーを見るタイミングでは、できるだけミットを出してあげておいたほうが投げやすいと思うのです。

僕の構えはミットを動かさないとよく言われていましたが、厳密に言うと僕もミットを動かすことはありました。ただ、ピッチャーがこちらを見る時には必ずミットを見せていました。「谷繁はミットを動かしていない」と言われていたのは、そのためだと思います。

僕がなぜミットを動かしていたかというと、捕球の際にどこかで動きを入れておかないと、どうしてもタイミングが合わなくなる時があるからです。また、プレッシャーが掛かる時などは、どんな球にも瞬時に対応できるようにするために、自然にミットが動く時もありました。

いずれの時も、ミットを動かす際には下げるのではなく、手前に引くようにしていました（イラスト(4)）。ミットを手前に引くと、ピッチャーからはミットが動いているように見えにくいからです。

ミットを動かすかどうか、ピッチャーごとに変える工夫もしていました。ワインドアップ時にはキャッチャーを見ているけど、足を上げる時に一瞬だけ目線を切るピッチャー、リリースするギリギリまでこちらを見ないピッチャーなどそれぞれ癖があるので、キャンプの時に各ピッチャーの特徴を覚えて、最後に「投げるぞ」という目線を送ってきた時にミットをしっかり出すようにしていました。

投球の際にミットが動くと投げづらいと感じるピッチャーもいるので、キャッチャーがミットを動かすことについてどう感じているかを一人ずつ確認して、ピッチャーごとにやり方を変えていたのです。

それでも、やはりミットを無駄に動かさないというのが僕の基本スタイルです。**ピッチャーや審判に対して「ここに投げたぞ」とわかりやすく見せるのも**

イラスト（3）

一度ミットを下ろすキャッチャー

イラスト（4）

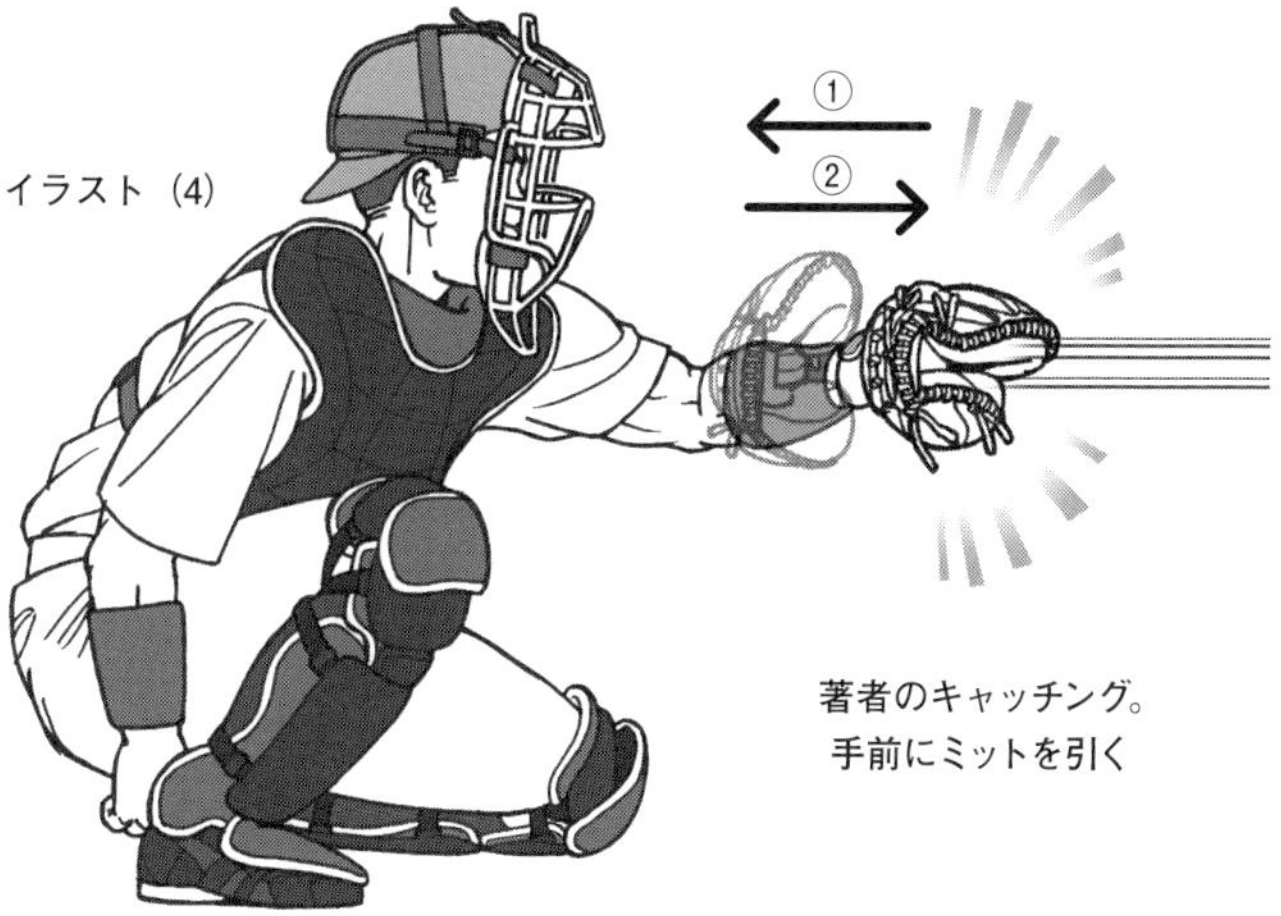

著者のキャッチング。
手前にミットを引く

キャッチャーの大事な仕事です。中にはミットを動かすのが癖になっているキャッチャーもいますが、意味のないミットの動きは不要だと僕は思います。

僕はドラゴンズのキャッチャーに「ミットは動かすな」と指導していましたが、いろんなやり方があるので、必ずそうしろというわけではありません。ただ、僕がやっていたのはピッチャー心理を最優先に考えた、理にかなった方法だと思っています。

少年野球や中高生がキャッチングの練習をするのであれば、まずはピッチャーの球をたくさん受けることから始めるといいでしょう。ピッチャーの癖を知ること、呼吸を合わせることにもつながります。

球を掴まない、捕りに行かない

以前、古田さんと話していた時に聞いたのですが、古田さんは球を「掴む」

イメージでキャッチングしていたそうです。僕は「掴む」のではなく、親指を少しだけ上げるようなイメージでキャッチしていました。というのも、僕はポケットの深いミットを使っていたので、掴まなくても自然に球がミットの奥に入っていってくれたのです。

ぜひみなさんにも試してもらいたいのですが、まず左手の力を抜いた状態で、右手で拳を作って左手の掌にぶつけてみてください（イラスト(5)・(6)）。すると、自然に掌が閉まりますよね。今度は、掌に力を入れた状態で拳をぶつけてみてください。すると、今度は掌が閉まらないと思います。

僕のキャッチングもそれと一緒です。**掌を柔らかくしておけば、ボールが入ってきた時に自然と包み込むことができます**。だから、あえて「掴む」というイメージを持たなくても、自然体で待っていればOKだったのです。

ただ、僕のやり方が唯一の正解というわけではないので、「掴む」というイメージのほうが捕りやすければ、もちろんそれで構いません。人それぞれやりやすい方法があるはずです。実際、古田さんは「掴む」というイメージで成功しているわけですから、それも正しい方法の一つです。

ちなみに、ワンバウンドの処理をする際のブロッキングも同じ原理です。硬いものに球を当てると跳ね上がってしまいますが、スポンジのように柔らかいものに当てると下に落ちます。ですから、**ブロッキングする時は自分の体をスポンジのように柔らかくしておくのです。**

ただ、球がぶつかるタイミングで体を柔らかく保っておくのはとても難しいことです。練習の時から力を抜く訓練をして、無意識でもできるようにしておかなくてはなりません。炭谷銀仁朗（西武ライオンズ）はこれがよくできているので、テレビで野球中継を観る時に参考にするといいかもしれません。

ワンバウンドでもう一つ気をつけておいたほうがいいのは、**無理にミットを下向きにして、球を地面に押さえつけて止めようとすると、後ろに逸らしてしまうことが多いということです。**これは、プロでもやってしまうミスです。

低めの球を上向きで捕ると審判にボールと判定されやすいので、バウンドの

【炭谷銀仁朗】
05年高校生ドラフト1巡目で西武に入団。09年に最優秀バッテリー賞を受賞し、15年にはベストナイン、ゴールデングラブ賞（2回目）を獲得。13年と17年には侍ジャパンに選出されＷＢＣに出場。

イラスト（5）
左手の力を抜き、右手の拳をぶつける

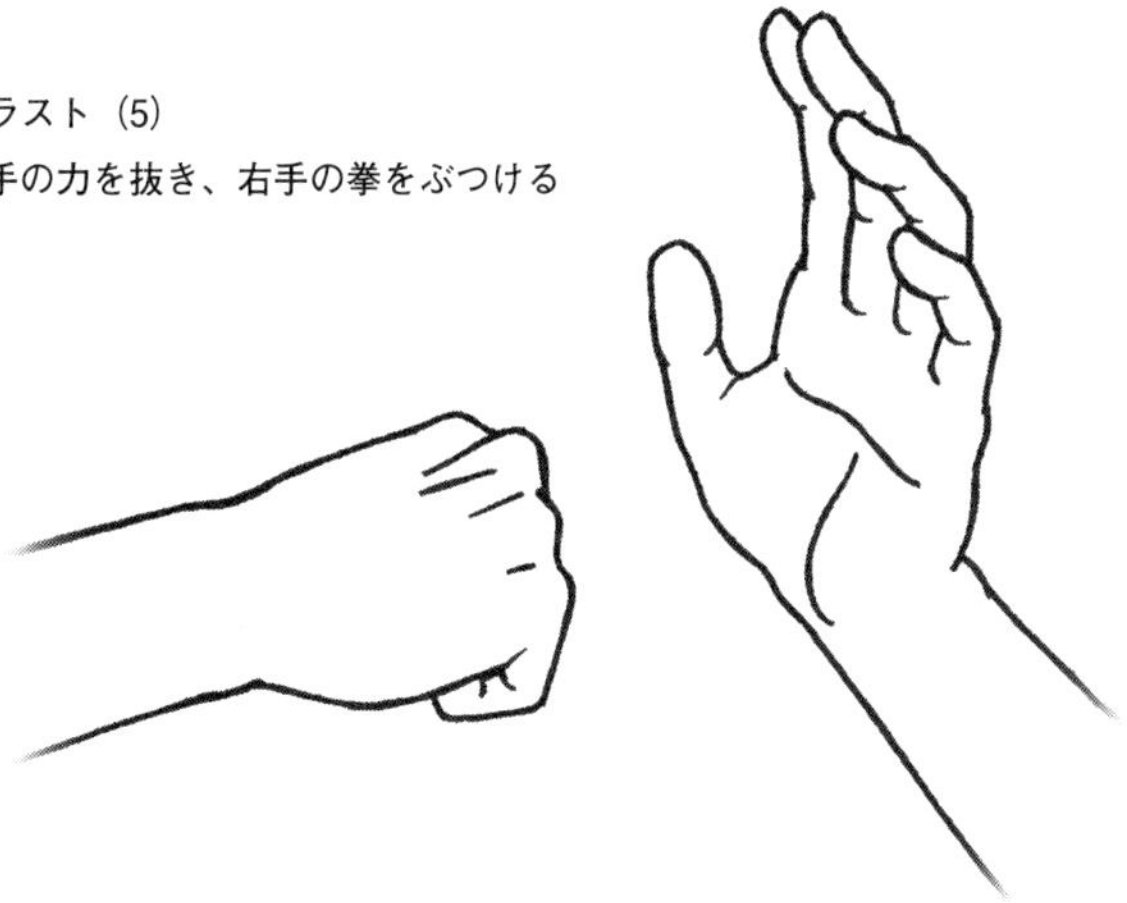

イラスト（6）
自然と掌が閉まる

時と完璧にボールの時以外は下向きで捕るのが基本です。ストライクかボールか微妙な時も下向きでなんとか粘ります。でも、明らかにワンバウンドするものは、後逸しないよう上向きで確実に捕球します。

上向きで捕るべきかどうかは、球の軌道によって一瞬で判断しなくてはなりません。その判断力が鈍ると、後ろに逸らしてしまうことにもつながります。

ミットを上向きに使う時のコツは、肘を支点にして回すこと。僕はミットを動かす時もスローイングをする時も、円を描くようなイメージでやっていました。そうするとスムーズに、しなやかに動作することができ、瞬時に対応できるようになります。

自分から球を「捕りに行く」というイメージは、僕はキャッチャーには必要ない感覚だと思っています。球はピッチャーから投げられて来るので、キャッチャーのほうから捕りに行かなくてもいいのです。**配球ではピッチャーをリードしますが、キャッチングの動作は受け身でOKです。**

球を捕りに行こうとすると、どうしても手が前に出ます。すると、盗塁を刺す時、球を持ち替える動作に距離が生まれてしまうので、遅くなってしまいます。これについては、次の項で詳しく説明します。

盗塁で確実に走者を刺すには

肩が強いキャッチャーほど盗塁を阻止できるとよく言われます。たしかに、肩が強いと走者をアウトにする確率は上がるので、それもキャッチャーの武器の一つと言えます。

しかし、走者をアウトにできるキャッチャーがみんな肩が強いかというとそうでもないし、肩が弱いとキャッチャーを諦めなくてはいけないかというと、そういうわけでもありません。**実は、肩の強さ以上に大事なのが、球を持ち替える動作のスピードです。**

キャッチャーは、ミットで捕球してから右手に持ち替えて二塁に送球します。走者を刺せないキャッチャーは、この動作が遅いことが多いのです。

この動作は、ピッチャーが投げた瞬間から始めなくてはなりません。先ほど説明したように、キャッチングの時に球を「捕りに行く」という意識があると、ミットが自然と前に行ってしまうので、イラスト(7)のように持ち替える時にミットを後ろまで持っていくことになり、無駄な動作とタイムロスが生じます。それよりも、球が来るのを待って、イラスト(8)のようにミットと右手の距離を最短にして、瞬時に持ち替えたほうが速いのです。

それができるようになるには、**「球を捕って持ち替える」という一連の動作を正しく行う練習をします。**それが体にある程度しみ込んできたら、次にその動作のスピードを上げていきます。考えなくてもスピーディにできるようになるまで繰り返します。

それができるようになったら、今度は下半身の動きを連動させていきます。

イラスト（7）

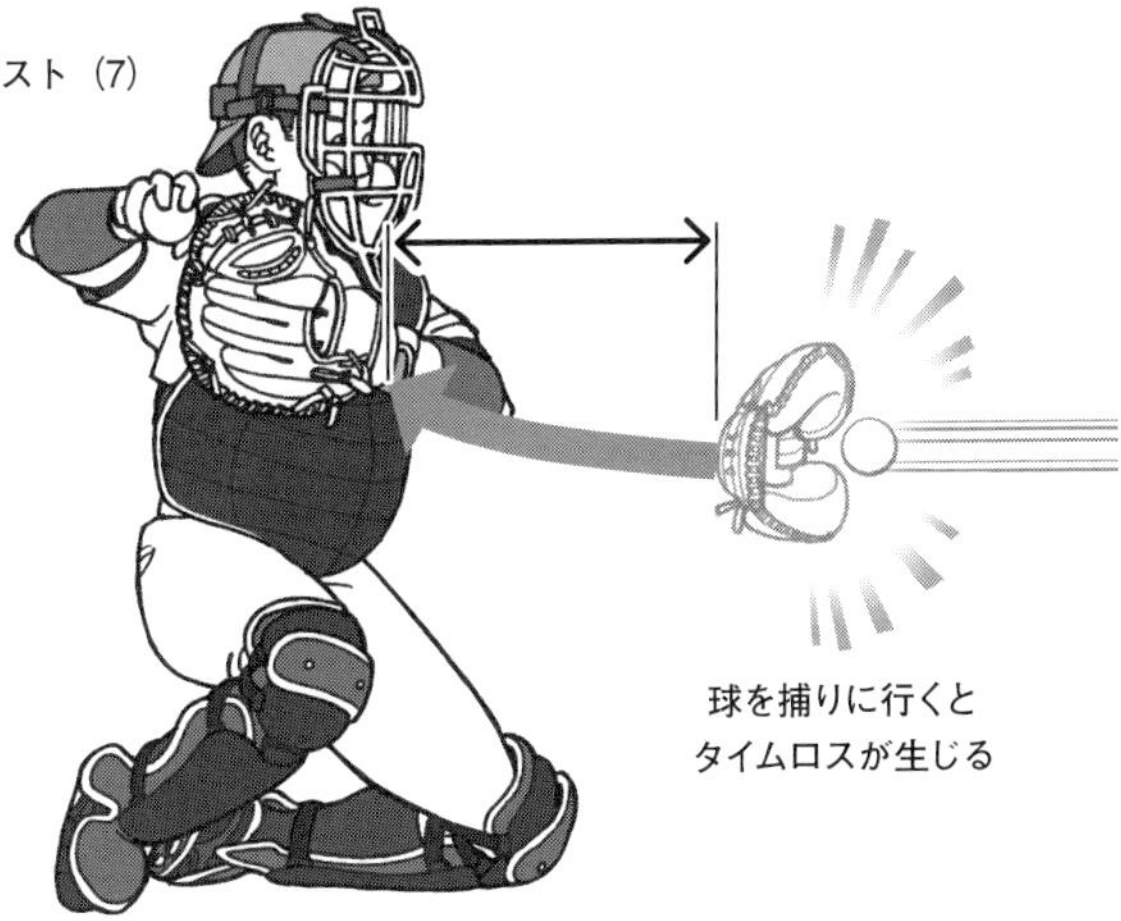
球を捕りに行くと
タイムロスが生じる

イラスト（8）

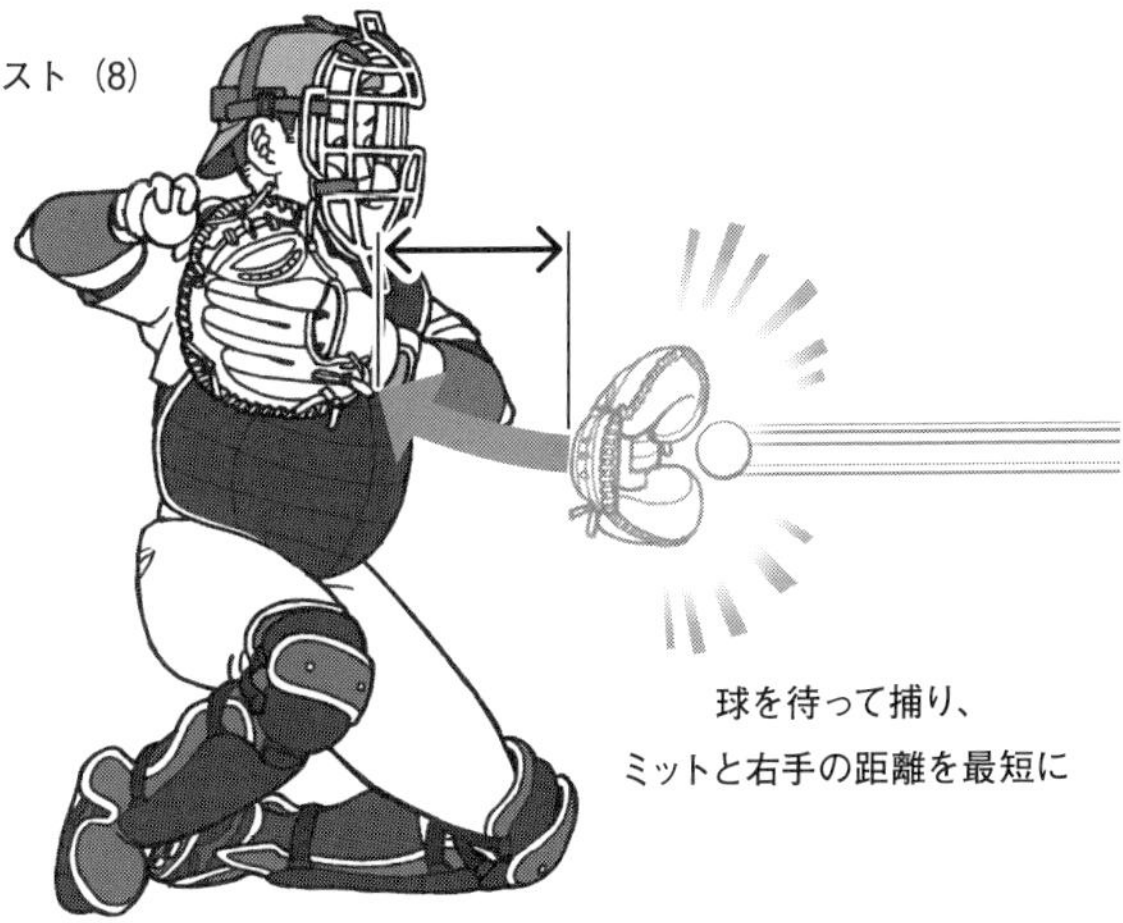
球を待って捕り、
ミットと右手の距離を最短に

日本人選手の場合は、速く強く投げるために下半身の力を上半身に伝えていく必要があります。

送球の時のステップは、右足のかかとが前、左足のかかとが後ろであることがポイントです。右投げのピッチャーは左足を後ろにして振りかぶって投げますが、それと同じ原理で、キャッチャーも右足を前に小さく速くステップします。

最初は、この「小さく速く」ができないので、まずは「正しく速く」から始めます。それができなければ「正しく」から始めます。それを反復して体にしみ込ませていくのです。

キャッチャーは、三塁や遊撃に入ってゴロを捕球して一塁に投げる練習をよくするかと思います。僕もやっていたのですが、その時に心がけていたのは、**二歩、三歩とステップして投げないということです。**

なぜならば、試合でキャッチャーが送球する場合、そのほとんどが、捕球したらすぐ投げなくてはいけない場面だからです。そのため、ゴロを捕ったら踏んでいいステップは一歩だけ。僕は、常にそれを意識して練習していました。これが、キャッチャーにとって実戦で活かすことができるスローイングの練習です。

持ち替え動作、ステップ動作が連動できるようになったら、今度はコントロールを意識します。キャッチャーのエラーは盗塁を刺す時に送球が乱れてしまうミスがいちばん多いと言われていますが、それを防ぐためには、当然ながらコントロールが重要です。

コントロールをよくするには、球を離す際の手首から先の感覚を磨くことが大切で、そのためには手首を鍛えておく必要があります。手首を鍛えると送球にも力強さが生まれるので、肩が弱点だと感じているキャッチャーでも埋め合わせすることができます。

これはあくまで僕の考えですが、どんなに鍛えたとしても、肩の強さは生まれ持ったものがあります。80メートルしか投げられない人が100メートル投げられるようにはならないし、マックス140キロのピッチャーが150キロ投げられるようになるのは不可能に近いと言えます。肩の強さはほぼ天性のものと言っていいでしょう。

しかし、**手首は鍛えることによってある程度強くなります。僕は小さな頃から毎日湯船の中で水圧を利用して手首を鍛えていました。**プロに入ってからもそれは続けました。手首が強かったのは、そういった日々の小さな訓練のおかげでもあると思います。

投げる時に目掛けるところは二塁のベース上で、そこに低めの球を投げます。小中学生で送球が二塁まで届かないのであれば、ワンバウンドでも構いません。ふんわりした高い球よりも、強くて低い球を投げるほうがいいのです。高いところで捕球してベースにタッチするのと、低いところで捕球してタッチするのでは、後者のほうが速いからです。

手首を鍛えることによって、強く速くスローイングすることもできる

プロであれば、遊撃手や二塁手がベースに入ってきた時に、わざわざタッチする動作をしなくてもいいところに投げるのが理想です。球が到達すると同時にアウトにできる位置、つまりベースの上ぴったりのところに投げるのです。

僕は、「この辺りで球を離したらどこに到達する」という感覚が体に染みつくまで練習しました。そのおかげで、何度かベースの上ぴったりのところに投げることができたのですが、それは本当に難しい技術でした。でも、プロとしてはそれをやるべきだろうと、そのレベルを常に求めてきました。ただ動作が速い、ただ肩が強いではなく、プロならば圧倒的な正確さが必要だと思っていたのです。

僕もこういった練習を何度もやって、いざという時に無意識でできると、「ああ、練習してきた甲斐があったな」という喜びがありました。そうなったらもう自分のものです。一回それができれば、あとはその技術を維持していけばいいのです。

クロスプレーでは追いタッチを避ける

クロスプレーについては、2016年シーズンからコリジョンルールが適用されることになり、キャッチャーがボールを持たずにホームベース付近で走路を妨害してはいけないことになりました。そのため、今はキャッチャーがブロック姿勢をとらずにタッチプレーを行うことが原則となっています。

現在のルールになってから、キャッチャーは走路を空けるため、ホームベースの前に立つことが義務づけられています。しかし、野手からの送球が逸れた場合、キャッチャーは捕球のためにやむを得ず動かなくてはならないので、この場所に立っていなくてはならないのは野手が送球を行うまで、ということになるはずです。

それでは、この新ルールにおいて、キャッチャーにはどんな工夫ができるでしょうか。ホームベースの前に立って野手のほうを向いたままでは、送球が来る方向によっては追いタッチになってしまい、走者をアウトにできる確率が低くなってしまいます。ですから、この時キャッチャーに求められるのは、「野手の送球後、いかに追いタッチにならない体勢を作れるか」ということになります。

僕は現役時代にこのルールの経験はありませんが、もし僕がこのルールのもとでプレーするとしたら、野手が送球した瞬間に球の軌道を確認して、「ボールが来る方向」「ミットで捕球する位置」「ホームベース」の3点が最短距離で結べる立ち位置を見つけます。これができれば、追いタッチになることはありません。

以前のルールではいかにホームベースに寄れるかがポイントでしたが、今のルールではベースからやや離れてスペースを作り、そこにミットの動線を確保することがポイントとなります。ただし、それができるようになるには、地道な研究と反復練習が必要となります。

僕らの世代のキャッチャーは、春のキャンプやシーズン中の練習で、とにかくホームでのブロッキングの技を磨きました。それと同じように、今のキャッチャーも新ルールに則った技を自分で磨かなくてはならないということです。

ランナーをアウトにできるミットの形

クロスプレーの時、ランナーにミットを蹴られたり、球がこぼれたりする可能性があるため、キャッチャーは心理的にどうしても右手をミットに添えたくなります。しかし、右手を添えてタッチしようとすると、どうしても動きが遅くなってしまいます。

今のルールでは、タッチするまでの時間と距離を短くすることがカギになるので、なるべく片手でミットを持つことが求められます。そのため、昔は平たく間口が広いミットが主流でしたが、これからは片手でも落球しないミット、つまり、ポケットが深くて間口の狭いミットの需要が高まる可能性があるとみています。

僕は、クロスプレーの際には落球がいちばんのリスクだと思っています。そのため、僕の時代はまだルール変更前でしたが、もともとポケットの深いミットを使っていました。ワンバウンドの時も、平らなミットだと角度を少し誤っただけで大きく弾いてしまいますが、深いミットであれば下に落ちるだけです。

よく、「深いミットだと球が出しにくいので、盗塁を刺す際、持ち替えるのに時間がかかる」と言う人がいますが、それならば、球を早く取り出せるように練習すればいいのではないでしょうか。

僕には優先順位があって、「絶対に球を落とさないこと」が最優先事項でした。

そのための道具を選んでいたということです。ただし、それによるリスク（球を持ち替えづらいなど）も生まれることはわかっていたので、そのリスクは練習で回避しました。それがプロのやり方だと思います。

解説者として春のキャンプに行った時に、ある球団のキャッチャーたちにミットを見せてもらいました。僕のミットは球が逃げないように紐をぎゅっと締めていたのですが、彼らのミットは紐が緩めてありました。

なぜ紐を緩めているのか聞いてみたのですが、「なんとなく」というあいまいな答えが返って来ました。つまり、紐を緩めていることに根拠はないということです。

ちなみに、メジャーリーグのキャッチャーはだいたいみんなミットの紐をしっかり締めています。紐が緩んでいれば球は逃げていくので、紐を締めるのは当然のことです。

紐を締めると間口が狭くなるので球が入ってこないのが不安なのかもしれま

せんが、僕はむしろミットが平たくて間口が広いほうがしっかりキャッチできないような気がして不安でした。芯で捕る自信があれば、球が入ってこないという不安は生まれないと思います。もし不安があるならば、芯で捕る練習をすればいいのです。

道具というと、大切に扱うことばかりが取り上げられます。僕は、道具を大切に扱うことは、わざわざ言うまでもない当然のことだと認識していて、**野球がうまくなりたいのであれば、「味方につける」「武器にする」というレベルまでこだわるべきだと思います。**

「有名な選手がこれを使っているから」「かっこいいから」という理由で選ぶのではなく、いろんなことを想定して、自分にとって使いやすい道具を選ばないといけません。それが、うまくなるため、勝つための道具へのこだわりではないでしょうか。

僕に言わせれば、「球がこぼれる不安のあるミットで、右手を添えてタッチプレーしたらアウトにできなかった」というのは、弾が出るか出ないかわからない鉄砲を持って戦に出て殺されるようなものです。つまり、勝負以前に、戦いの体勢に入れていないということ。球が落ちる可能性の低いミットを使って、片手を使って最短距離でタッチしてセーフになったのなら、「ベストを尽くした、仕方がない」と納得できるはずです。

キャッチャーは、なんとしても走者をアウトにしなくてはなりません。その勝負は、ミット選びから始まっているのです。

フライ対策は球場ごとに変わる

キャッチャーフライは難しいフィールディングの一つです。僕も二回ほど、バックネットとキャッチャーボックスの間で、捕球する前に後ろ向きにひっくり返って〝一人バックドロップ〟を披露してしまい、恥ずかしい思いをしたことがあります。

昔は球に触れなければエラーはつきませんでしたが、今のルールでは落下地点に入って捕球しないと触らなくてもエラーがつくので、確実に捕球しないといけません。

フライは通常、真上に上がると球の回転でバックネット側に曲線を描いて落下してきます。そのため、キャッチャーの上にフライが上がったらまずバックネット側を見て球が来る方を向きます。逆風の時は必ずしもそうならないので注意が必要ですが、ドーム球場や風のない日の試合ではそうしていました。

キャッチャーフライは、球場の特性も大きく関わってきます。**僕は、屋外の球場では、入ったらすぐに風向きをチェックしていました。**風の流れは試合中にもよく変わるので、そのたびにチェックして野手にも指示を出さなくてはなりません。

また、**特に大事なのがホームベースからバックネットまでの距離を確認しておくことです。**距離感を把握しておけば、不安なく球を追いかけることができ

フライ捕球は風や球場の形状などの環境面に大きく左右される

ます。

ワンバウンドした時にも、バックネットまでの距離が遠い場合は早く追いかけないとランナーが二つ塁を進めてしまうので、距離感の確認はキャッチャーにとって欠かせない作業です。札幌ドームはバックネットまでが特に遠いので、絶対に後逸してはいけない球場です。


余談ですが、球場の特性の話で言うと、僕は神宮球場が苦手でした。通常は、キャッチャーの位置から見ると外野のほうの地面が上がって見えるのですが、神宮球場だけは打ち下ろしだったので、外野手の膝から下が見えませんでした。その影響を受けてどうしても腰が上がってしまうので、とても構えづらかったのです。

また、通常はピッチャーがマウンドからホームベースに向かって投げ下ろすようなイメージで投げてくるのですが、神宮球場だと球がホップして向かってくる印象があったので、膝をついたり低く構えたりと工夫が必要でした。それに加え、神宮は大学野球のリーグ戦後、土がボコボコでワンバウンドの可能性が高くなるというリスクもありました。

球場ごとに形状が違うのは、野球というスポーツの特徴でもあります。特に、キャッチャーはその形状の影響を受けやすいポジションです。その点もよく理解し、予め対策を練っておく必要があるということです。

バント処理は予測力がカギ

バント処理では、多くのキャッチャーが転がった球に直線距離で近づいていって手で捕って送球しますが、**僕は転がった球の向こう側に回ってミットで勢いを止めてから球を挟み、送球するのが基本だと教わりました。**面倒だと思わずに、そういった基本はきちんとやっておいたほうがいいと思います。

前に転がった球を普通に後ろから捕りに行くと落球する可能性もあるので、

先回りしてミットでその球の勢いを止めて、ミットと手で挟んですくってから投げるのです。練習の時から楽をして手で捕ったりすることなく、正しい動きをやっておいて、本番でもその動きがきちんとできるようにしておきます。

高く上がったバントの処理は、ボールが落ちてくるのを待ってから捕るのではなく、高い位置で捕ってスローイングしたほうがいいでしょう。早く捕ったほうが早く投げられるということです。

バント処理の時、キャッチャーにいちばん必要なのは予測力と判断力です。まず、どこに転がったら自分はどこに入ってどう捕るか、どこに投げるか、予測しながら準備しておくことが求められます。

バッターがバントする前から、「ランナーは誰で、足の速さはこのくらいで、バッターは誰でバントはこのくらいのレベル」と、頭の中でいろんなデータを巡らせておいて、「バントの打球がここに転がったらこうする」といくつかパターンを決めておくのです。球が転がってから考えるのでは、対応が遅くなってアウトにできる確率が下がってしまいます。

事前に頭の中でデータを巡らせることで瞬時に対応できる

股関節・膝・足首の柔軟性を高める

最近は「うさぎ跳びをやってはいけない」「正座はするな」と言われているそうですが、僕が中高生の頃はうさぎ跳びもやっていたし、正座もしていました。それでも僕の体は壊れていないので、「絶対にやってはいけない」ということはないと思います。

スポーツ医科学的に、専門家や指導者が「うさぎ跳びはダメ」とインプットしたり、一度でも怪我や故障の事例ができてしまったりすると、どうしても「絶対にやってはいけない」という風潮になってしまいます。でも、全員が全員それにあてはまるとは限りません。「やってみて合わなければ次を考える」というプロセスを辿ればいいのだと思います。

トレーニングやコンディショニングというのは、人によって合う・合わないが必ずあります。いろんなことをやってみて、その中から自分に合うものを見つけ出していくしか方法がないので、自分で研究してみないことには始まりません。

キャッチャーは、とにかく股関節・膝・足首を使ったトレーニングを行うことが大切です。試合中に立った状態で動くことは少なく、多くの場合中腰で動かないといけないポジションなので、その三点の柔軟性と強さが必要になります。指導者には、それを意識してキャッチャーの練習メニューを組んでほしいと思います。

僕が現役時代にやっていたのは、肩くらいの高さのネットの下で、カニのように左右に動きながら小さなゴロを捕る練習です。一セットで20球、30球のゴロを連続して捕りますが、失敗したり、ネットが頭に当たったりしたら最初からやり直しで、それを数セット行います。ドラゴンズのキャッチャーたちにもやらせていましたが、いつもみんな悲鳴を上げていました。

あとは、七割から八割くらいの力で持ち上げられる重さのバーベルを持ってスクワットを10セットほど行い、その後にボールを使った自重メニューを行うこともありました。筋トレも大事なのですが、キャッチャーの動きの中で筋肉をつけることも欠かせないので、**必ず球を使った動きと筋トレをセットで行っていました。**

ワンバウンド処理の練習だけを延々とやる日もありました。ワンバウンド処理の時、構えで膝が上を向いてしまうと、バウンドへの反応が遅れることになります。足首が柔らかければつま先で粘れるので、その点を意識して練習していました。

これらの練習は、僕がプロに入って間もない頃にバッテリーコーチだった佐野さんから教わったメニューをアレンジしたものですが、たくさんメニューがあるわけではなく、基本的には同じことの反復練習です。ただ、同じことをやっているとどうしても飽きてくるので、組み合わせを変えるなど少しずつ変化をつけながらやっていました。

幸運なことに、僕はもともと股関節・膝・足首のいずれも柔軟性があったので、キャッチャーの姿勢をしていて窮屈だと感じたことがありませんでした。でも、若い選手たちは足首や股関節が硬いため、すぐにつらくなってしまうようです。おそらく、最近のトイレが洋式ばかりなのも原因の一つだと思います。

和式トイレを使う機会がなければ、家のトイレを和式に替えろとまでは言いませんが、いわゆる「うんこ座り」や「ヤンキー座り」と言われるような体勢を、一日数分ずつでもやってみるといいかもしれません。トレーニングも当然大事ですが、キャッチャーの姿勢は慣れもあります。**毎日やっていれば、体が徐々に慣れてくるはずです。**

なんとなくキャッチボールをしない

僕の現役時代、チームの練習では10分から15分くらいかけてキャッチボールをしていました。

僕の考えでは、キャッチボール＝ウォーミングアップではありません。キャッチボールで、握り、足の使い方、肩の回し方、手首や肘の使い方、球の回転、コントロールなどを意識している人と、ただ肩を温める、ほぐすことだけを目的にやっている人とでは、当然差が出てきます。

普段から「正しく投げる」ことを意識してやっておくと、試合で細かいことを考えなくても体が勝手にそう動いてくれるようになります。何度も言うように、反復することで体が覚えてくれるのです。

キャッチボールは正しく投げられるようになるための練習です。キャッチボールだけでも、必要なことを意識してやると結構疲れるはずです。

キャッチボールの基本は、相手の胸に、捕りやすい回転のいい球を投げることです。その際、相手と「会話をすること」を心がけてください。

「今の、いい球だったよ」と思った時は、綺麗な球を投げ返します。「もっとしっかり投げろよ」と思った時は、少し強めの球を投げ返します。意思を球に伝えるのです。特にキャッチャーは投球のたびにピッチャーに返球をします。キャッチャーから返ってくる球でピッチャーに思いが伝わることもあるはずです。

大事なのは、相手のことを思うこと。それは野球の基本でもあります。キャッチボールは大切な技術練習でもあり、相手と心を通わせる対話の時間でもあるのです。

どんな練習をする時でも、日常生活を送る時でも、とにかくキャッチャーの動きや振る舞いに必要なことを意識してください。**当たり前なこと、些細なことでも、それがグラウンドでの成果に結びつく時が必ず来ます。**

「キャッチャー技術を考える」まとめ

▼前に座る

座る位置を変えるだけでストライクにできるキャッチングができ、ワンバウンドの処理でも有利になる。キャッチャーは審判の性格や傾向もしっかり把握しておくこと。審判に球筋を見やすくすることも大切。

▼無駄に動かさない

ミットを動かすとボールだと疑われることも。タイミングをとるために動かす場合は手前に引き、ピッチャーがこちらを向いている時はミットを見せる。「ここに投げた」と明確にするためにも、無駄な動きは排除すべき。

▼スポンジの様に

キャッチする時はミットの手を柔らかくしておけば自然に球が入ってくる。ブロッキングの時も体を柔らかくしておくと球が下に落ちやすくなる。円を描くイメージを持つと、瞬時にミットを上向きにしやすく対応しやすい。

▼受け身でＯＫ

球を捕りに行こうとすると手が前に出て、球の持ち替えに時間がかかってしまう。下半身と連動させて持ち替えをスムーズに行うための練習が必要。

▼手首を鍛える

コントロールをよくするためには手首を鍛えることも大切。二塁ベースの上を目掛けて、低めの速球を投げる。球が到達すると同時にアウトにできる位置を目指す。

▼新ルールに則った技を

クロスプレーでは追いタッチにならないことがポイント。走路妨害せずミットを最短距離でホームベースまで持っていける位置を見つけ、すばやくアウトにする技を磨く。

▼ミット選び

いちばんのリスクは落球。間口が狭く、紐がきちんと締まったミットを使うと落球の可能性は低くなる。試合の時にきちんと武器にできる「勝つためのミット」を選ぶべき。

▼球場の特性

フライに対応するためには、ファウルゾーンの距離感や風向きを確認すること。球場ごとの特性をキャッチャーはしっかり把握しておく。

▼バント処理

バントは基本に忠実に、手で捕らずにミットで挟んですくい上げる。打つ前に球の行方やランナーの動きなどを予測することで、瞬時に対応できるようにしておく。

▼コンディショニング

キャッチャーは股関節・膝・足首の柔軟性を高めるコンディショニングを日々行う。

体づくりは自分でもしっかり研究して、自分に合った方法を見つけること。

▼相手を思いやる

キャッチボールはただのウォーミングアップではなく技術練習だと思ってやる。相手と心を通わせる時間でもあるので、思いやる気持ちも忘れずに。

2000安打を達成できたバッティングの極意

原点回帰で開花したバッティング

高校時代、僕はどちらかというと守備力よりもバッティングのほうで注目を浴びていました。三年生の時に記録した島根大会7本塁打の記録がいまだに破られていないことは、僕自身とても誇りに思っています。

しかし、プロに入ってからしばらくは、バッターとしての本領がなかなか発揮できずにいました。金属バットから木製バットに変わり、当時のコーチから「木のバットは上から叩かないと打てないぞ」と言われ、大根切りのようなフォームで打つよう指導されたのですが、やればやるほど打てなくなってしまったのです。バッティングは好きだったしそれなりに自信はあったのですが、なかなか数字が残せずかなり悩みました。

そんな時期が何年か続いて、このままではもうプロでやっていけないと思い、高校時代の試合のビデオをもう一度見返してみることにしました。そして、レベルスイングだった高校時代のバットの軌道を取り戻すことにしたのです。すると、それを機に少しずつ結果が出始めるようになりました。プロの壁を突破できたのは、この原点回帰がきっかけだったのです。

バッティングを突き詰めていく中で特に気をつけたのは、悪い癖を取り除くことでした。テイクバックの際になかなか後ろに引けない人がいますが、そのタイプの人に「後ろに引け」と言ってもバットが下に落ちるだけで前に出てこないことがあり、その場合はヒッチ（グリップを上下動させること）しないといけません。ただ、ヒッチしてバットが上がればうまく打てますが、上がらないのに打ちに行くとバットの出方がおかしくなってしまいます。僕にはそういった癖があったので、そうならないよう意識することをまず心がけました。

癖を修正する上で参考になったのは、ベイスターズ時代のチームメイトだったロバート・ローズのバッティングです。彼は下半身の使い方やトップからのバットの出し方がとてもシンプルで変な癖がなかったので、迷いが生じた時に彼のフォームはとてもよい手本になりました。

キャッチャーとしてのバッティング

よく「キャッチャーだから相手チームの配球も読めるでしょ」と言われますが、僕とほかのキャッチャーでは配球の組み立て方が違うこともあるので、必ずしも読めるわけではありません。「次はこの球種の確率が高いな」と思っても外れることはあるし、「絶対にこのコースを攻めてくるだろう」と確信を持って打席に入って、見事に予想が的中したこともあります。その確率は半々です。

僕が一つ気をつけていたのは、試合が経過するにつれてキャッチングで左手の握力が落ちてくるので、その対策をすることです。キャッチャーは一試合につき百何十球もボールをキャッチすることになるため、どうしても握力の低下は避けられません。そして、それがバッティングにも影響します。

僕は5回前後（三打席目）から握力の低下を感じていました。そのため、打席に入る前に握力のマシンを握って戻したりするなど工夫をしていました。試合後半になるとバッティングが思い通りできないと感じているキャッチャーは、試してみるといいかと思います。

２０１３年5月6日、42歳の時に、史上44人目の通算２０００安打を達成することができました。

２０００本もヒットを打つなんて、昔はこれっぽっちも考えていませんでした。名球会には偉大な方ばかりが名を連ねていますが、そこに自分が入れるなんて30代になってからも想像したことがなかったです。１８００本台後半になったところで、「もしかしたら行けるのかな？」という思いがようやく芽生えたくらいです。

２０００本のヒットを打てた秘訣は、ズバリ、長く現役でいられたからです。そして、長く現役でいられた秘訣は、キャッチャーとして生き残れたからです。もしもキャッチャー以外でプロに入れていたとしたら……僕は性格的に、間違いなく職人的にバッティングに取り組んだと思うので、ほかのポジションでもきっと達成していたと思いますよ（笑）。

第四章

キャッチャーの魅力を考える

キャッチャーは二番煎じではダメ

ここまでキャッチャーの技術について僕の考え方を紹介してきましたが、何が正解かは人それぞれ違うと思っています。僕は野村克也さんや古田さんと考えが同じところもあるし、違うところもあります。どの考え方も、その人にとって正しいという確信があるならば、それは間違いではないと思います。

現役時代に僕がチームメイトの人間観察をしていたことはお話した通りですが、技術面においては他球団のキャッチャーのこともよく観察していました。よく見ていたのは、やはり同じ時代に戦った古田さんや矢野燿大さん（元阪神タイガースなど）、西山秀二さん（元広島東洋カープなど）です。

観察する中で、「あ、あの人はこんなふうにしているんだな」と新たな発見をすることも多々ありましたが、その技を盗もうと思ったことは一度もありま

【野村克也】
現役時代は南海、ロッテ、西武で捕手として活躍。3017試合出場は著者が破るまで日本記録だった。11970打席と10472打数は現在もNPB記録。ヤクルト監督時代はID野球と呼ばれたデータ重視の采配を振り、黄金時代を築き上げた。その後、阪神、シダックス、楽天で監督を歴任。

せん。

そもそも僕には、「この人みたいなキャッチャーになりたい」「あの選手のような技術がほしい」という理想像のようなものがありませんでした。どちらかというと「人と同じことをしたくない」という考えで、むしろ違うものを生み出そうとしていたくらいです。ほかのキャッチャーには絶対に負けたくなかったし、独自の理論を確立できるレベルに挑もうと思っていました。

なぜ独自のものを生み出したかったのかというと、脅威を感じさせるキャッチャーになりたかったからです。例えば、古田さんがやっていた配球を僕が真似しても、バッターからしてみればそれは既存のもので、ちっとも怖くありません。僕がやっていた配球を後輩キャッチャーが同じようにやっても、僕がやったほうがバッターに影響を与えることができます。技術や戦略は、生み出した人が使うからこそ、相手を脅かす武器になるのです。

つまり、キャッチャーは〝二番煎じ〟になってはならない。それが僕の考え

【矢野燿大】
90年ドラフト2位で中日に入団。98年より阪神でプレー。08年には日本代表として北京五輪に出場。ゴールデングラブ賞、最優秀バッテリー賞をともに2回獲得。16年から阪神でバッテリーコーチを務める。

【西山秀二】
85年ドラフト4位で南海に入団し、その後広島、巨人でプレー。ベストナイン2回、ゴールデングラブ賞2回、最優秀バッテリー賞1回獲得。06年から10年まで巨人の二軍、一軍でバッテリーコーチを務めた。

です。いかに独自の配球論、独自の技術を生み出せるかが、キャッチャーとしての生き残りをかけた勝負の分かれ道なのです。

しかしながら、最近のキャッチャーはなかなか新たなことを試そうとしません。何が自分にとってベストかを知るには、いろんなことをやって「あ、これだ」とピンと来るものを自分で見つけなくてはならないのに、指導者に「こうしなさい」と言われたことをそのままやるだけの人が多いように思います。

「これが正しい」と言われたら、それだけをやってほかのことを試さない。変化させようとしない。でも、野球は日々進化しているし、ルールも変わっています。それならば、プレーヤー側もそれに対応するためにいろんなことを試すべきです。

かつてはまっすぐとカーブしかなかった時代がありましたが、今のピッチャーは少なくとも四種類のボールを持っています。高校生でも複数の球種を持っているピッチャーがたくさんいます。すごい球を投げるピッチャーが、毎年のように次々と出てきます。

　野球のレベルが上がれば上がるほど、キャッチャーの仕事は増えます。常に進化、進歩するために、様々な準備をしておかなくてはなりません。

　とはいえ、自分で「これだ」と確信を持てるようになるまでには、なかなか時間がかかります。僕だって、キャッチャーとしての自分に納得できるようになったのは30代半ば。突き詰めようと思えば思うほど、自分が求める理想形が遠のいていくような感覚にすらなりました。

　しかし、逆の言い方をすれば、それだけ**キャッチャーは進化できるポジションだということです。そして、進化できた人間だけが生き残れるのです。**

練習のための練習をしない

２０１７年の春に、プロ入り後初めてスーツを着てキャンプ地を訪れました。

これまでは自分が所属したことのあるベイスターズとドラゴンズの練習しか知りませんでしたが、このキャンプで初めて他球団の練習を見ることになりました。当然ながら、自然と目が行くのはキャッチャーの練習風景です。

ある球団では、キャッチャー陣がホームからのノックを一塁ベース付近で受けて二塁や三塁に送球する練習をしていたのですが、その時にふと気になることがありました。ノックを受けたらすぐに球を右手で持って、一度キャッチャー座りをしてから立ってスローイングしていたのです。

しかし、実際の試合では、キャッチャーはそのような動きをしません。キャッチャー座りから立つ際に球を持ち替えているのであれば、走者を刺す時の実践練習にはなりますが、そのような練習はしていませんでした。

また、三塁ベース付近でノックを受けて一塁に投げる練習では、捕球して二、三歩ステップしてから送球している姿が見られました。しかし、実際の試合では、キャッチャーは一歩で投げないと走者をアウトにすることはできません。その送球に対して「ナイスボール！」と誰かが叫んでいましたが、どんなにナイスボールであっても、ステップを踏んでいたら間に合わないのです。

その球団がどういう意図でそういった練習をしていたのか、聞いてみないと真意はわかりません。でも、長年キャッチャーとして経験を積んできた僕の目には、それが「練習のための練習」のように映りました。

別の球団では、投内連携での併殺の練習を見学させてもらいました。

キャッチャーは三人いましたが、三人なら二人分のインターバルがあるのでそこまできつくないはずです。しかし、三人とも一塁へのバックアップに三歩くらいしか動いていませんでした。

僕が現役時代にその練習をやっていた時は、練習であっても当たり前のように一塁ベースの後ろまでバックアップのために走っていました。**なぜならば、練習で繰り返した動きが、試合にそのまま反映されるからです**。

おそらくその選手たちは、試合になればちゃんとできると思っているのでしょう。しかし、そういった行いは、必ず試合のどこかに出てきます。

また、紅白戦で、キャッチャーはバントシフトを指示する際に前に出て来ませんでした。公式戦では観客がたくさんいるわけですから、バッターがバントした時に、そのバッターの後ろで「ファースト！」「セカンド！」と叫んでも、声がかき消されて野手にはほとんど聞こえません。

僕は現役時代、「**ピッチャーの近くまで走っていって、ちゃんと指で指示しろ。近くに行って声を出せばなんとか聞こえるから**」とコーチから指導され、練習の時からそれをずっとやっていましたが、その紅白戦ではそういった光景は見られませんでした。

また、ランナーが三塁にいるにもかかわらず、キャッチャーは座ったままピッチャーに返球していました。もしも球を離した瞬間に暴投となり、一瞬のスキを突かれてホームに還られたらどうするのでしょうか。

小さいミス、防げるミスは、絶対にしてはなりません。だからこそ、日頃の練習からそれを防ぐ癖をつけておかなくてはいけないと僕は思っています。

選手たちは「本番になればできる」と軽く考えているのかもしれませんが、試合では瞬時の判断が必要で、考えている時間はありません。だからこそ、体が勝手に動くようにしておかないといけないのです。体に覚え込ませるには、練習から本番通りの動きで反復練習をしておくしかありません。

プロだからといって、練習を流してやっていいわけではない。**中学でも高校でもやるような当たり前のことを、プロでも同じようにやるべきです。**そして、配球と同じように「もしかしたら」を常に考えて、緊張感を持って練習するのです。

経験を積んでも落とし穴はある

「キャッチャーは経験が物を言う」とよく言われます。バッティングは相手（ピッチャー）のあることなので波があるのは仕方のないことですが、キャッチャーとしての能力は経験を積んでいくほど上がると僕は思っています。30代以降で花開くキャッチャーがいてもおかしくないということです。

ただ、正直なところ、僕はベテランになるまで「いつになったら経験が物を言うようになるんだ」とずっと思っていました。日本シリーズを何度経験しても、僕独自のキャッチャー理論はなかなか確立されませんでした。

しかし、30代半ばくらいにもなってくると、20代でがむしゃらに反復練習し、グラウンドに入る前から準備するなどして積み重ねてきたものが、ようやく花開いたような感覚がやってきました。

野球は一打席ごとに違う局面を迎えます。似たような場面はあっても、まったく同じ場面は二度と来ません。その状況に合った答えをその都度、その場で出していかなくてはなりません。

経験が物を言うようになってくると、そういった状況判断をほとんど間違えることがなくなりました。試合全体を落ち着いて見られるようにもなり、よくも悪くも試合の途中でその後の展開が見えてしまうようにもなりました。

その頃強く感じるようになったのは、試合の中には「ゲームを作る一球」があるということです。

簡単な例で言うと、コントロールの悪いピッチャーが初回にデッドボールを与えてしまったとします。すると、相手チームのベンチは「俺にも当てられるかもしれない」という意識が働き、それがバッティングにも影響します。もちろん、デッドボールを与えてしまったピッチャー側にも影響が出ます。

結果として「あの一球が勝負の分かれ道だった」というケースがとても多いのが、野球というスポーツの特徴でもあります。だからこそ、一球のミスも許されない。そのことに気づいてから、一球にかける思いというのはさらに強くなりました。

とはいえ、僕もベテランになってから、実は大きなミスをしたことがあります。

ドラゴンズ時代の試合でランナー一塁の際、ピッチャーに対して僕はストレートのサインを出しました。その時の僕は少し気が緩んでいて、「ランナー一塁だったら後逸しても進塁1で済む」と思ってしまっていました。

そこでピッチャーが投げたのは、サイン通りのストレートではなくフォークだったのです。ランナーはすでにスタートを切っていました。僕はストレートが来ると思ったところにフォークが来たので対応が遅れてしまい、跳ね上がった球の行方を一瞬見失ってしまいました。その間にランナーは三塁に走っていました。

球は三塁側ベンチのフェンスの間に転がっていったので、「そのままベンチに入るだろう」と思いました。球がベンチに入った場合はランナーに進塁2が認められるため、僕はランナーが三塁で止まると思い、走らずにゆっくりと球のほうへ歩いていました。すると、その球がフェンスにコツンと当たり、ベンチに入らずに小さく跳ね返ったのです。そして、その間にランナーがホームに還ってきてしまいました。

その時の僕は、いつも考えていたはずの「もしかしたら」を考えていませんでした。そういう気の緩みは、キャッチャーには絶対あってはならないことです。どんなに経験を積んでも、ほんの少しの油断でそういうことが起こるわけです。キャッチャーというのは恐ろしいポジションなのだと、改めて痛感しました。

その時は一球の重さを痛感し、「いつまで経っても完璧になれない。まだまだ未熟だな」と猛省しました。その一件で、僕は今でも「ボールを捕りに行かない谷繁」とファンに叩かれます。しかし、それは自分が招いたことなので真摯に受け止めています。

結果よりプロセス重視で根拠を示せ

「プロの世界では結果がすべてだ」とよく言われますが、僕はプロセスのほうが大事だと思っています。そして、「偶然生まれたよい結果」よりも「根拠ありきで考えた末の失敗」のほうが次につながると信じています。結果がよかったからそれでいいという考え方では、次の勝利にはつながりません。

「プロセスを知る」ことは、「結果の出し方を知る」ということ。プロセスありきの結果であれば同じ結果をまた出すことができますが、ラッキーで生まれた結果をもう一度繰り返すのは難しいものです。

それが、連勝・連覇するチームと、一度勝っても勝ち続けられないチームの差です。勝利の根拠となるプロセスがないと、勝ちは続かないのです。

とっさの勘が働いて「結果オーライ」となることもあるでしょう。では、どうしてとっさの勘が働くのでしょうか。それは、無意識にきちんと根拠を持っているからです。根拠もなく、ただの勘だけを頼りに試合に出るのは、プロが絶対にやってはいけないことです。

一般企業でも、根拠がないのに「これは絶対売れますよ」と言っても取引先には見向きもされません。きちんとしたデータを示して、「こういう理由があるからこれは売れます」と説明して初めて、ビジネスとしての会話が成り立ちます。それとまったく同じ話です。

先の章でもお伝えしたように、「なぜそうしたのか」という根拠を示せるのであれば、ミスがあったとしても僕は構わないと思っています。

例えば、内野手がポジショニングでミスをしたとします。その時、「自分にはこういう根拠（データ）があって、なおかつこの場面でキャッチャーがこのサインを出してピッチャーがこの球を投げたから、それを踏まえてその場所にいました」と説明できるのなら、打球がほかのところに飛んでいって捕れなくても、それは仕方がないということです。

特にプロの世界では、どうしても結果、結果で、プロセスが軽視されてしまいます。指導者も結果だけを見てプロセスを評価しようとしません。**プロセスをきちんと評価しないと、やっている選手も継続が難しくなります。**

第一章で紹介した通り、僕が佐々木さんの信頼を得ようとした時、毎日のように練習している姿を評価してくれたピッチャーがいました。大矢さんも、これでもかというくらい練習につきあってくれました。それが僕のモチベーションになり、まわりからの信頼へとつながって、試合でも結果を出すことができました。反復練習の中では自分なりの根拠も見つけることができたし、独自の理論を構築するステップも踏めていたと思います。プロセスがどれほど大事かということを、僕は実体験をもって理解しているのです。

キャッチャーの経験が監督業にも反映

ここで少しだけ、ドラゴンズの監督時代のことを振り返ってみたいと思います。指揮官として何を感じたかというよりも、キャッチャー経験が監督業にどんな形で反映されたかという視点でお話しします。

キャッチャー時代は人間観察に始まり、言葉の引き出しを持つこと、日常生活から配球に役立つ訓練をすること、相手をとことんリサーチすること、配球を丸暗記すること……と、いろんなことを重ねながら経験を積んできました。グラウンドでは守りに関してはキャッチャーが監督の役割を担うので、いつでも「ゲームの責任は自分にある」と腹をくくってマスクを被っていました。

そういったキャッチャーとしての「準備」や、試合に対する「覚悟」「責任感」は、監督業とかなり通ずるものがあったと思います。特に選手を見る力、選手の能力を見抜く力には、監督になった時にはそれなりの自信がありました。指導経験がないまま監督になってもそこまで戸惑うことがなかったのは、キャッチャー経験があったからこそだと言っていいでしょう。

選手とのコミュニケーションにおいても、キャッチャー時代のやり方をそのまま実践していました。

僕はミーティングをするために選手全員を集めることはせず、個人的に話をすることを心がけていました。これには、現役時代に僕自身がそうしてもらったほうが、監督の話がきちんと頭に入ってきたからという理由もあります。全体ミーティングだと「監督こんなこと言っていたな」と断片的にしか頭に入らなかったので、その方式はあえて採りませんでした。

「監督なのに選手と距離が近すぎる」「チームの緊張感がなくなる」などと批判されたこともありましたが、選手と距離が近く、変な緊張感を漂わせないのは、むしろ自分の武器だと思っていました。別の言い方をすれば、キャッチャー時代に培ったコミュニケーション能力にも、それなりに自信があったということかもしれません。

ちょうど僕が監督をしていた時、セ・リーグの監督が僕以外全員外野手出身だったことがありました。もともとどのポジションを守っていたかというのは、ゲームの采配にも影響してくるものだなと改めて感じました。

あくまで僕の感想ですが、外野手出身の監督は、こちらが予想していないことをやる人が多いなと思います。野球には、「このケースではこの戦略」といったように、いわゆるセオリーと呼ばれるものがありますが、そのセオリーを気にすることなく違うことをやりたがる人が多いという印象です。

僕のようにバッテリー出身、もしくは内野手出身の監督の場合も、セオリー通りではない采配を行うことは当然あります。ただ、僕らの場合はその際も「これをやると向こうがこう出るだろうから、あえてこうしよう」といったように、あくまでセオリーありきで、それを意図的に外すという感覚です。しかし、外野手出身の監督はセオリーという軸を最初から考えず、直観的に思い切りよくやっているような気がしました。

同じバッテリー出身の監督であっても、ピッチャー出身とキャッチャー出身では違うなと感じることもあります。

ベイスターズ時代に監督だった権藤さんはピッチャー出身ですが、相手に一個でもアウトを与えるのが嫌な人で、ほとんどバントの指示を出しませんでした。ピッチャーとして一個のアウトをとることの難しさを知っているため、「相手にアウトを与えると向こうのピッチャーを有利にしてしまう」という意識が働くのでしょう。

僕は、自分がキャッチャーとして守っていた時、ランナーが二塁にいることに対して特にプレッシャーを感じていました。そのため、攻撃の際には「1アウト献上しても二塁にランナーを持っていったほうが相手にプレッシャーがかかる」と考え、バントの指示をよく出していました。

このように、監督がどのポジション出身かは采配や戦略に影響することがあり、そういったところも野球ならではの面白さなのではないかと思います。

キャッチャー指導の際に覚えておいてほしいこと

ピッチャーをリードし、野手に指示を出すキャッチャーは、ゲームを作る際の要の存在です。そのような役割を果たすキャッチャーを、チームを勝たせながら育てるためには、その時のチーム事情など環境的な条件も必要となってきます。

プロの話になってしまいますが、阿部がジャイアンツに入団した2001年、ピッチャー陣にはベテランも多く、バッターも長打タイプからアベレージヒッターまで安定した成績を残している選手が揃っていました。そのため、阿部は経験値のあるピッチャーの球を受けることで大きく成長でき、もし配球が乱れて打たれたとしても、それ以上に味方打線が援護してくれたので、負けを逃れることができました。

この年のジャイアンツは2位で優勝こそできませんでしたが、ゲームの要となるキャッチャーが未熟であっても、まわりがしっかりしていれば大敗することはないことが証明できた形となりました。

戦力が不安定なタイミングで新人キャッチャーを育てようとすると、チームはボロボロになります。キャッチャーは関わる人数が圧倒的に多いからです。キャッチャーを育てるには、それだけ環境要因も重要なのです。


少年野球や中学・高校の場合はチーム事情云々よりも、キャッチャーというポジションを選んだ選手に対してどれだけ正しい指導ができるか、まずはそれが大事だと思います。

僕から指導者のみなさんにお願いしたいのは、自分にキャッチャーの経験があってもなくても、「キャッチャーってこういうところが面白いんだよ」と示しながら指導してほしいということです。「お前がバッターを見て、何かを感じて、サインを出して、見逃し三振にしたら面白いだろ？」「お前がここに打たそうとして打たせたら面白いだろ？」というふうに、とにかく面白さを伝えてほしいのです。

「キャッチャーはきついぞ」「しんどいぞ」「大変だぞ」ではなく、子供たちが面白さを見つけ出せるように教えてあげてください。「試合を自分の思い通りにしようと思えばできるポジションなんだよ」と伝えてください。そして、それを子供たちにきちんとわかってもらうためにも、指導者にはキャッチャーのことを根本から理解してもらいたいと思います。

指導する時、欠点を直さずに長所を伸ばそうとする指導者がいます。それはそれで大事なことですが、**致命的な欠点がある場合は、長所を伸ばす邪魔をしてしまうので、早めに修正してあげてほしいと思います。**

キャッチャーでいうと、メンタルの面で言えば適当な子、考えない子、自分本位な子。フィジカルの面で言えば、股関節・膝・足首が硬い子。配球面で感性が高くても、体の硬さが邪魔をしてキャッチャーとして機能しないこともあり、それはとてももったいないことです。逆に、体がどんなに柔らかくても配球を考えることができないとキャッチャーはできません。そういった致命的な欠点がある子には、早めに手を差し伸べてあげてください。

キャッチャーの適性は、メンタルとフィジカルのバランスがかなり問われると思います。どのポジションにも言えることですが、キャッチャーの場合は特に両方がないと成り立ちません。

また、「リードには間違いもある」ということも覚えておいてほしいと思います。間違いはあるのだから、子供たちに「絶対に間違えるな」という言い方はしないでほしいのです。

特にキャッチャー経験のある指導者は、自分の考えを押し付けないようにしてください。キャッチャーにとって、これが唯一正しいというセオリーはありません。いろんなやり方があるということも子供たちに伝えてほしいのです。

配球のミスを怒る必要はありません。例えば、ストレートを狙ってくるバッターに初球からストレートを要求するような配球など、「これだけはしてはいけない」というものは確かにあります。でも、それを頭ごなしに怒るのではなく、「なぜダメだったのか」を自分で考えさせて、同じミスを繰り返さないように努力をさせてください。**相手をどうやって打ち取りたいのか、この試合をどう進めていきたいのか、そういうことを自分で考える力を伸ばしてやってください。**

キャッチャーを育てるのは時間が掛かります。引き出しがまだ少ない子、これから増やそうとしている子、引き出しはあるけどまだ整理できていない子、引き出しの中身が間違っている子、理解の仕方が違う子、わかっていてもできない子、いろんな子がいて、それはプロの世界も一緒です。キャッチャー経験がない指導者にとっては特に大変な仕事かもしれませんが、どうか辛抱強く指導してほしいと思います。

切磋琢磨できた幸運

ここで少し話が逸れますが、プロ入り直後の話をしたいと思います。

僕は高校を卒業してプロに入りましたが、やはり最初は〝プロの壁〟に直面することになりました。

年月が経てばある程度プレーができるようになって、レギュラーも獲れて、それなりにお金も稼げるようになるだろうと軽い気持ちで考えていたのですが、プロ入りから四年経っても大した成績が残せず、そこで初めて「俺はこのままだとダメだ」と思うようになりました。その気づきがあったからこそ、今があるのかもしれません。

【佐伯貴弘】
92年ドラフト2位で横浜に入団。98年は6番打者として日本一に貢献。11年、中日に移籍。13年に現役を引退し、14年から16年まで監督だった著者のもとで中日二軍監督や守備コーチを務めた。

当時、僕が所属していたベイスターズには同世代の選手が多く、自然とライバル心が芽生えるような環境でした。

全体練習が終わると、野手はみんな室内練習場に入って個別練習をしました。佐伯貴弘、石井琢朗、鈴木尚典、僕といった当時の若手たちがいつも打席を陣取っていて、誰も自分から練習をやめようとはしませんでした。みんな、「あいつが打っているなら俺はまだやめない」と思ってやっていたわけです。練習の時から誰もが勝負師の顔をして、負けん気を前面に出してやっていました。

僕は体が小さかったので、身長が高い人や体格に恵まれた人には負けたくないという気持ちはもともとあったのですが、そういった練習熱心な同世代の選手たちに囲まれたことによって、さらに負けん気が強くなっていきました。あんなふうに切磋琢磨できた環境で練習できたのは、本当に幸運なことだったと思います。

当時のことを振り返って改めて思うのは、繰り返しになりますが、野球には天才はいないということです。足の速さや肩の強さなど天性のものは多少ある

【石井琢朗】
88年、ドラフト外で投手として大洋に入団。92年に内野手登録し、マシンガン打線の1番打者として活躍。09年に広島に移籍し、一軍野手コーチを兼任した12年に引退。13年から内野守備・走塁コーチ、16年から打撃コーチを務める。

【鈴木尚典】
90年ドラフト4位で大洋に入団。98年に2年連続の首位打者を獲得し、日本シリーズではMVPを獲得。08年に引退し、09年は湘南シーレックス育成コーチ、10年は打撃コーチを担当。

と思いますが、**練習せずにいい結果が出せるような天才は、野球界にはいません。月並みな表現ではありますが、「練習は嘘をつかない」というのは真実だと思います。**

結果を出すには練習しかないと気づいてからは、とにかく体が覚えるまで反復練習を続けました。当時横浜大洋ホエールズの監督をしていた須藤豊さんに、「おい谷繁、継続は何だ?」と聞かれて「疲労なり!」と思わず叫んだことがあるくらい、本当にクタクタになるまで練習しました。

四年目の夏からは、キャッチャー日記もつけるようになりました。その日の練習や試合で気づいたこと、感じたことを毎日書くようにしました。対戦したバッターは前回と比べて今日はどうだったのか、ピッチャーに気になることはなかったか、あらゆる気づきを書き留めて、迷いが生じた時はそれを見返したりもしていました。

【須藤豊】
現役時代は毎日、大毎、巨人で二塁手としてプレー。引退後は巨人、大洋、西武でコーチ、二軍監督、監督を歴任した。

須藤さんには、「何をするにも自信を持ってできるようにしろ」と言われました。自信を持つためには、それなりの準備が必要です。第一章でも紹介したように、人間観察から始まり、ピッチャーとのコミュニケーション、キャッチャーのための練習やトレーニング、日常生活での訓練、キャッチャー日記での振り返りまで、自分でもあらゆる準備をしてきたと思います。そして、それはすべて根本的に野球が好きだから継続できたのだと感じています。**準備をし続けたおかげで、「根拠のない自信」ではなく「確固たる自信」がつきました。今では「継続は力なり」だとつくづく感じています。**

やるべきことをやって初めて感謝できる

これまで本書でもたびたび登場してきたベイスターズ時代のバッテリーコーチである大矢さんは、すごく情熱のある人でした。「お前を一人前にする」

と言葉では一度も言われたことはありませんが、「なんとか谷繁を一人前にしてやろう」という気持ちが常に伝わってくるコーチでした。

なぜ僕がそう受け止めていたかというと、キャッチャーにとって必要なことをただ教えてくれるだけでなく、僕の成長のために、本当に多くの時間を割いてくれたからです。

もちろん、それは僕だけでなくほかのキャッチャーも一緒でしたが、ワンバウンドの練習にとことんつきあってくれたり、遠征先で試合後に大矢さんの部屋で遅くまで反省会をやってくれたりと、とにかく僕らキャッチャーのために費やしてくれる時間が長かったことは覚えていて、そのことがとても印象に残っています。

大矢さんに指導してもらっていた頃から、僕は大矢さんに対して感謝の気持ちをずっと持ってきましたが、現役時代にそれをインタビューなどではっきり口に出すことはほとんどありませんでした。なぜかというと、きちんと結果を出すまでは「感謝しています」とは言えないと思っていたからです。

大矢氏はキャッチャーに必要なことを
情熱的かつ理論的に教えてくれた

アスリートが「○○監督、○○コーチに感謝します」とコメントすることがありますが、それは自分がしっかりとアクションを起こし、結果を出して感謝できる状況になったからこそ言えるわけです。

まわりがどんなにサポートしてくれたとしても、結局は自分がどうするか。本人が何も行動を起こさなかったら、そもそも感謝できるような状況はやってきません。**感謝することが先ではなくて、その前にまず自分がやるべきことをやる。**それをやり切って初めて感謝を口にできると僕は思っていたのです。

女子レスリング日本代表の吉田沙保里選手がオリンピックで三連覇した時、まず自分がそれまでやってきた過程をしっかり振り返ってコメントし、最後の最後に「監督やコーチに感謝します」とコメントしていました。それを聞きながら、「きっと彼女はそれだけのことをやってきたという自負があるんだな」と感じました。

僕は27年間、プロの世界でユニフォームを着ることができました。あの頃は

【吉田沙保里】
女子レスリング・フリースタイル選手。アテネ、北京、ロンドン五輪で三連覇を果たす。16年リオ大会では銀メダルを獲得。13大会連続世界一を達成し、ギネス世界記録に認定。12年に国民栄誉賞を授与された。

想像もしなかったけれど、３０２１試合出場という日本記録まで残すことができました。僕は今ようやく、キャッチャーの基本を教えてくれた大矢さんに、「おかげでこのような結果を残すことができました。ありがとうございます」と言うことができます。それが言えるのも、僕自身に「これだけやってきた、結果を出せた」という自負があるからなのです。

キャッチャーの面白さを見つける

最後に、僕が思うキャッチャーの面白さについて話したいと思います。

自分で言うのも何ですが、僕はもともと純粋なタイプです。昔は人に言われたことはなんでもまっすぐに受け止めてしまっていたし、そのせいで人知れず傷ついたこともありました。

しかし、キャッチャーになって、これまで紹介してきたような準備や訓練を続けているうちに、そういった純粋な性格の僕のほかに、「策」をうまく使いこなせる理論的な僕がもう一人できあがったのです。

その策士のような自分がピッチャーを操り、バッターを翻弄している様子を、もともとの純粋な自分が「面白いなぁ」と思って傍観しているような、とても不思議な感覚でした。

自分の中のどこかにキャッチャーのスイッチのようなものがあって、グラウンドに入ってそのスイッチをオンにすると、策士・谷繁元信が出てくるわけです。

つまり、僕は自分で「キャッチャー谷繁」を作り上げたということです。その作り上げた人格をスイッチオンで出せることが、僕にとってのキャッチャーの面白さでした。

とはいえ、そのスイッチができあがったのは、僕が30代半ばになってから。ちょうどキャッチャーとして経験が物を言うようになったなと感じた頃です。

もう少し早くそのスイッチができていれば、キャッチャー人生をもっと楽しめたのにな、とも感じます。だから、今キャッチャーをやっているみなさんには、一日でも早く自分なりの面白さを見つけてほしいと思います。

キャッチャーの面白さというのは、人それぞれ感じ方が違うと思いますが、一つだけどんなキャッチャーにも共通して言えるのは、「グラウンドの責任を負うこと」がキャッチャーにしか味わえない醍醐味だということです。

ピッチャーをリードする責任、配球を決める責任、野手への指示に対する責任、ゲームを作る責任。キャッチャー以外で、そのすべてを背負うポジションはありません。**大変なことですが、それを「キャッチャーにしかない楽しさ」だと感じることができたなら、こんなに面白いポジションはないはずです。**

責任があるということは、うまくできなかった時にはそれだけの悔しさもありますし、できた時には大きな喜びがあります。キャッチャーは、そこまでグラウンドに感情移入できる、唯一のポジションだと僕は思っています。

高校一年の時、「お前はピッチャークビ！　今日からキャッチャーをやれ」という監督の一声でスタートした僕のキャッチャー人生でしたが、今は素晴らしいポジションを経験することができた充実感でいっぱいです。

これからは、プロ・アマ問わず一人でも多くのキャッチャーが悔いのない野球人生を送ることができるよう、僕の持っているものを次世代にしっかり伝えていきたいと思っています。

「キャッチャーの魅力を考える」まとめ

▼二番煎じにならない

脅威を与えるキャッチャーになるためには、誰もやったことのない独自の理論を身につけること。そのためにも、常に進化を意識すること。

▼緊張感を持つ

試合の役に立たない練習はしない。練習の時から試合と同じ緊張感で、反復して動きを体に覚えさせること。練習でやっていることが試合にそのまま出る。

▼状況判断

試合を決める一球があるからこそ、その場の状況判断を誤ってはいけない。どんなに経験を重ねても、一瞬の気の緩みが取り返しのつかないミスを引き起こす。

▼プロセス重視

根拠のない勝利は長く続かないため、プロセスに目を向けることも大事。ラッキーな成功よりも根拠のあるミスのほうが、むしろ次につながる。

▼ポジションと監督

キャッチャーに必要な「準備」や「責任感」は監督業にそのまま活かせるもの。どのポジション出身かで采配が変わるのも野球の見どころである。

▼面白さを伝える

指導者にはキャッチャーの面白さを子供たちに伝えてほしい。メンタルとフィジカルのバランスを重視しながら、辛抱強く「自分で考えさせる」指導を。

▼練習は嘘をつかない

切磋琢磨できたチームメイトがいたことで、練習は嘘をつかないことを知った。自信が確固たるものになったのは、準備を継続してきたからこそ。

▼感謝するために

やるべきことをやって、納得いくまでやり切ったからこそ、お世話になった人に心から感謝の言葉を伝えることができる。

▼キャッチャーの魅力

キャッチャーの面白さは人それぞれだが、試合の責任を負える面白さは共通。僕の場合は、自分で作り上げた「策士・谷繁元信」を傍観することも面白さの一つだった。

僕が考える理想の指導者像

知識と情熱を兼ね備えた〝教えるプロ〟

キャッチャーはどのポジションとも連携をとらなくてはならないので、ポジショニングの確認などで外野守備コーチや内野守備コーチと話したり、ピッチングコーチとリードについてミーティングしたりすることもありました。当然、バッティングコーチに打撃練習を見てもらったこともあります。つまり、僕はチームにいるあらゆるコーチと接点があったわけです。

そんな中で僕が感じたのは、大前提として指導者は知識を持っていなければならないということです。知識を持ったコーチとは、常に内容の濃いコミュニケーションがとれていたと思います。

それに加えて情熱のあるコーチは、やはり選手たちの心をつかみます。野球に対して、選手に対してまっすぐな人は、僕が選手だった時も、監督だった時も、指導者としてそばにいてほしい存在でした。

僕が若手の頃は、情熱のある指導者が多かったと思います。本編でも紹介した大矢明彦さんや佐野元国さんはもちろん、大杉勝男さん（90〜91年に横浜大洋ホエールズ一軍バッティングコーチ）、竹之内雅史さん（91〜98年横浜大洋ホエールズ／横浜ベイスターズで一軍・二軍バッティングコーチや二軍監督を歴任）など、気持ちが伝わってくる指導者のもとでプレーできたことはとても幸運でした。

求められる指導者になるためには、選手とどれだけ真摯に向き合えるか、まずはそれが大事です。そして、感情論ではなく、根拠のある意見を上の人にしっかり言えるかも大切です。きちんと根拠を持っていれば、上の人に対して歯向かうくらい勢いのあるコーチがいてもいいと僕は思います。

しっかり意見を言うためには、やはり勉強が必要です。指導者経験やスター選手を育てた実績なども ある程度重要なのかもしれませんが、それよりもまずコーチングをどれだけ勉強しているか。たとえコーチ自身に選手としての実績がなくても、勉強次第で「指導する」ことのプロフェッショナルにはなれるはずなので、その準備を怠ってはいけないわけです。

そう考えると、コーチ業というのは、ひょっとしたら監督業より大変なのかもしれません。プロのチームのコーチになるのは相当な覚悟が必要なはずです。だからこそ、知識と情熱がなくてはやっていけないのです。

子供の指導ではアイデアマンでいてほしい

子供たちの指導でも同じように知識と情熱は必要ですが、それにプラスしてアイデアマンでいてほしいなと思います。トレーニングや技術指導においても、やる気を起こさせる場合においても、常に子供たちを惹きつけるアイデアを出してほしいのです。

僕が出会った中では佐野さんが特にアイデア豊富な人で、バッテリーコーチ時代、「家でこんなことをやってみたらキツかったから、今日はそれをお前にやってやるよ」と、いつも新しい練習方法を提案してくれました。頭で考えるだけでは、なかなかそういうアイデアは浮かびません。実際に体を動かしてこそ生まれてくるものだと思います。佐野さんのその愛情あふれるアイデアが、指導される側としてとても嬉しいものでした。

僕が子供の頃にお世話になった監督やコーチは、時代背景もあってとても厳しい人たちでしたが、あの頃に勝負根性をとことん植えつけられたと思います。勝つことの喜び、負けることの悔しさ、そういうものを僕たちがきちんと感じられるよう、いつも厳しさと愛情をもって接してくれていました。

僕の息子もそうですが、最近の子供は負けてもあまり悔しがらないように思います。もちろん、スポーツで学ぶのは勝ち負けだけではありません。でも、勝ちの喜び、負けの悔しさから学ぶものも多いはず。子供たちがそういった感情を味わいながら成長できるよう、指導者の方にはぜひ工夫をしてほしいのです。僕は、それもアイデアだと思っています。

データ集

谷繁元信経歴

1970年12月21日、広島県比婆郡東城町（現・庄原市）生まれ
176センチ・81キロ　捕手・右投右打
※左記、（　）内はその年の誕生日時点での年齢

1978年（8歳）小学二年生で少年野球チーム「東城ストロングボーイズ」に入団。
1986年（16歳）島根県・江の川高等学校（現・石見智翠館高等学校）に進学。
投手として野球部に入部するが、5月に捕手転向。
1987年（17歳）夏の予選から4番に座り、甲子園初出場を果たす。
甲子園では一回戦で横浜商（神奈川）に敗退。
1988年（18歳）夏の予選、5試合全てで計7本塁打を記録。
甲子園に出場し、島根県勢42年ぶりのベスト8に進出。
ドラフト会議で横浜大洋ホエールズから1位指名されプロ入り。
1989年（19歳）開幕一軍を果たし、シーズンを通して一軍に帯同。
1993年（23歳）大矢明彦氏がバッテリーコーチに就任。
1996年（26歳）大矢氏が監督に就任し、正捕手の座を確立。

１９９７年（27歳）初の二桁本塁打を記録。ＦＡ権を獲得するも横浜に残留。
１９９８年（28歳）８月25日、通算１０００試合出場。
チーム38年ぶりのリーグ優勝・日本一。
ベストナイン、ゴールデングラブ賞（１回目）を受賞。
佐々木主浩氏とともに最優秀バッテリー賞（１回目）を受賞。
２００１年（31歳）初の20本塁打を記録。
10月３日、通算１００本塁打を記録。
10月９日、通算１０００安打を記録。
オフに中日ドラゴンズに移籍。
２００２年（32歳）自己最多の24本塁打、78打点を記録。
２００４年（34歳）正捕手として攻守でリーグ優勝に貢献。
川上憲伸氏とともに最優秀バッテリー賞（２回目）を受賞。
日本シリーズ優秀選手賞を受賞。

２００６年（36歳）第1回ワールド・ベースボール・クラシックに出場。

7月26日、通算２０００試合出場（捕手として史上４人目）。

チームがリーグ優勝。

ゴールデングラブ賞（2回目）を受賞。

２００７年（37歳）クライマックスシリーズ優勝を経て、チーム53年ぶりの日本一。

川上憲伸氏とともに最優秀バッテリー賞（３回目）を受賞。

ゴールデングラブ賞（３回目）を受賞。

２００９年（39歳）9月1日、通算２００本塁打、２００犠打を達成。

守備率10割（無失策）を達成し、
ゴールデングラブ賞（4回目）を受賞。

２０１０年（40歳）7月28日、通算２５００試合出場（史上８人目）。

チーム４年ぶりのリーグ優勝。

２０１１年（41歳）2年連続のリーグ優勝。

ゴールデングラブ賞（5回目）を受賞。

吉見一起選手とともに最優秀バッテリー賞（4回目）を受賞。
2012年（42歳）7月、最多盗塁阻止賞を受賞。
ゴールデングラブ賞（6回目）を受賞。
2013年（43歳）5月6日、通算2000安打を記録（史上44人目）。
2014年（44歳）選手兼任監督に就任。
プロ1年目からの26年連続本塁打を記録（当時NPB新記録）。
セントラル・リーグ特別賞を受賞。
2015年（45歳）監督兼選手に変更。
4月30日、通算3000試合出場（史上2人目）。
5月4日、27年連続本塁打を記録（自身が持つNPB記録を更新）。
7月28日、NPB最多となる通算3018試合出場を達成。
9月26日、横浜スタジアムでのDeNA戦にて現役を引退。
NPB最多となる3021試合出場記録を樹立。
セントラル・リーグ功労賞を受賞。

2016年（46歳）専任監督としてチームの指揮を執るも8月9日に休養。
2017年（47歳）野球解説・評論活動をスタート。

【その他】
・オールスターゲーム12回出場
・守備機会連続無失策　1708（セ・リーグ歴代2位）
・連続シーズン安打27年（NPB歴代1位）
・連続シーズン本塁打27年（NPB歴代1位）
・コミッショナー特別表彰（2015年）

生涯成績

年度	所属球団	試合	打席	打数	得点	安打	二塁打	三塁打	本塁打	塁打	打点	盗塁
1989	横浜大洋	80	171	154	9	27	2	2	3	42	10	0
1990	横浜大洋	75	182	154	8	27	7	0	3	43	16	2
1991	横浜大洋	82	221	186	24	44	9	3	5	74	24	5
1992	横浜大洋	74	186	162	16	31	9	0	2	46	9	0
1993	横浜	114	343	290	22	68	10	2	4	94	26	3
1994	横浜	129	415	359	29	82	19	2	5	120	36	0
1995	横浜	93	203	181	16	45	7	1	6	72	21	1
1996	横浜	127	456	380	36	114	25	3	8	169	54	2
1997	横浜	128	489	397	42	92	19	2	13	154	46	2
1998	横浜	134	538	461	50	117	23	1	14	184	55	1
1999	横浜	122	491	427	55	126	23	0	11	182	51	0
2000	横浜	122	493	446	35	112	21	0	9	160	44	0
2001	横浜	137	532	447	54	117	19	2	20	200	70	4
2002	中日	130	515	446	53	96	21	0	24	189	78	4
2003	中日	112	426	367	48	97	20	1	18	173	69	3
2004	中日	121	472	408	47	106	11	0	18	171	68	1
2005	中日	141	537	449	58	105	22	0	14	169	65	3
2006	中日	141	520	428	48	100	22	1	9	151	38	0
2007	中日	134	474	382	33	90	15	0	6	123	44	0
2008	中日	113	384	329	27	77	18	0	2	101	27	0
2009	中日	115	369	298	32	62	7	0	9	96	33	0
2010	中日	110	367	308	23	75	15	0	7	111	32	0
2011	中日	102	330	277	26	71	10	0	6	99	31	0
2012	中日	134	458	386	15	88	14	0	5	117	32	0
2013	中日	130	438	379	19	82	12	0	6	112	34	1
2014	中日	91	274	226	15	44	11	0	1	58	23	0
2015	中日	30	52	47	4	13	2	0	1	18	4	0
	通算	3021	10336	8774	844	2108	393	20	229	3228	1040	32

年度	所属球団	盗塁刺	犠打	犠飛	四球	死球	三振	併殺打	打率	長打率	出塁率
1989	横浜大洋	0	1	1	13	2	43	4	.175	.273	.247
1990	横浜大洋	0	8	1	17	2	36	4	.175	.279	.264
1991	横浜大洋	1	8	2	20	5	39	8	.237	.398	.324
1992	横浜大洋	0	4	0	18	2	34	2	.191	.284	.280
1993	横浜	0	7	0	40	6	74	6	.234	.324	.339
1994	横浜	1	8	1	42	5	94	8	.228	.334	.317
1995	横浜	0	5	0	17	0	39	2	.249	.398	.313
1996	横浜	3	14	3	53	6	70	10	.300	.445	.391
1997	横浜	1	25	3	61	3	71	14	.232	.388	.336
1998	横浜	2	6	4	62	5	83	13	.254	.399	.346
1999	横浜	1	7	5	46	6	45	16	.295	.426	.368
2000	横浜	0	3	1	41	2	91	20	.251	.359	.316
2001	横浜	2	9	1	65	10	107	6	.262	.447	.367
2002	中日	0	10	2	49	8	116	8	.215	.424	.303
2003	中日	2	8	4	42	5	90	11	.264	.471	.344
2004	中日	0	11	6	42	5	92	10	.260	.419	.332
2005	中日	2	8	6	69	5	106	10	.234	.376	.338
2006	中日	0	13	3	71	5	102	12	.234	.353	.347
2007	中日	1	19	5	62	6	85	10	.236	.322	.347
2008	中日	1	9	1	39	6	45	9	.234	.307	.325
2009	中日	0	19	4	44	3	62	9	.208	.322	.312
2010	中日	1	11	1	42	5	81	5	.244	.360	.343
2011	中日	0	12	1	38	2	51	5	.256	.357	.349
2012	中日	1	14	2	52	4	67	15	.228	.303	.324
2013	中日	2	6	3	46	4	70	11	.216	.296	.306
2014	中日	1	5	2	39	2	36	8	.195	.257	.316
2015	中日	0	2	0	3	0	9	0	.277	.383	.320
	通算	22	252	62	1133	114	1838	236	.240	.368	.333

おわりに

先日、大卒二年目のあるキャッチャーに「何歳まで野球をやりたいの？」と聞いてみたところ、「34歳くらいまではやりたいです」という答えが返ってきました。少なくともあと10年、プロのユニフォームを着ていたいということです。人生がだいたい80年くらいだとすると、あと10年ということは、人生の８分の１の期間です。

僕は彼に、「人生のたった８分の１なんだから、死ぬ気でやってみろ」と発破をかけました。死ぬ気で頑張って結果を出せば、ユニフォームを脱いでからの人生も劇的に変わります。

僕は現役時代、まわりの誰よりも準備し、誰よりも復習し、誰よりも練習したという自負がありましたが、そんな僕でも現役を引退した時には悔いが残りました。

だから、プロでもアマチュアでも、今野球を頑張っている選手には、できるだけ悔いを少なくしてほしいと思っています。そのために、今この瞬間、全力で野球に取り組んでほしいし、そうするべきだということに一日も早く気づいてほしいのです。
ユニフォームを着ていられる期間は、思っているよりも短いものです。野球人生はあっという間です。だからこそ、キャッチャーに限らず、高校生でもプロでも、今の野球への取り組み方がその後の人生を左右するということを忘れずにプレーしてほしいと思います。

最後に、キャッチャーになるきっかけを僕に与えてくれた江の川高校時代の監督・木村賢一さん、僕にプロのキャッチャーとして必要なことを叩き込んでくれた大矢明彦さん、横浜ベイスターズ、中日ドラゴンズ時代の監督、コーチ陣、チームメイト、裏方のスタッフたち、いかなる時も僕に声援を送ってくれたファンのみなさん、そして、現役生活、監督生活を支えてくれた家族や友人たちに、この場を借りて心から感謝の言葉を贈りたいと思います。

いつか、みなさんとまたグラウンドでお会いできるのを楽しみにしています。

[著者]
谷繁 元信

1970年生まれ、広島県出身。1988年、ドラフト1位で横浜大洋ホエールズに入団。98年にはベストナイン、ゴールデングラブ賞、最優秀バッテリー賞（佐々木主浩と受賞）を獲得。2002年より中日ドラゴンズに移籍し、2006年にはWBC日本代表にも選出される。2014年シーズンから選手兼任監督となり、2015年シーズンをもって引退を表明。通算3021試合出場、捕手としては通算2937試合出場、27シーズン連続安打（本塁打）を達成（いずれもNPB歴代最高）。ゴールデングラブ賞を6回、最優秀バッテリー賞を4回受賞。2016年に中日ドラゴンズ監督を退任し、現在は各種メディアにて評論活動を行っている。

カバー・本文デザイン　原 貴史（ブレインズ・ネットワーク）
撮　　影　天野憲仁（日本文芸社）
企　　画　戸島正浩（ブレインズ・ネットワーク）
編集協力　渡部博次（ブレインズ・ネットワーク）
取材・構成　岡田真理

谷繁流《たにしげりゅう》キャッチャー思考《しこう》

2017年7月30日　第1刷発行

著　者　谷繁《たにしげ》　元信《もとのぶ》
発行者　中村　誠
印刷所　株式会社　光邦
製本所　株式会社　光邦
発行所　株式会社　日本文芸社
〒101—8407　東京都千代田区神田神保町1—7
TEL　03—3294—8931（営業）　03—3294—7793（編集）

Printed in Japan　112170714-112170714Ⓝ01
ISBN978—4—537—21495—6
URL　http://www.nihonbungeisha.co.jp

編集担当：坂 裕治